마스터 쏙쏙 영단어

마스터 쏙쏙 영단어

초판 1쇄 인쇄 2011년 02월 16일
초판 1쇄 발행 2011년 02월 22일

지은이 | 박상욱
펴낸이 | 손형국
펴낸곳 | (주)에세이퍼블리싱
출판등록 | 2004. 12. 1(제315-2008-022호)
주소 | 157-857 서울특별시 강서구 방화3동 316-3번지 한국계량계측협동조합 102호
홈페이지 | www.book.co.kr
전화번호 | (02)3159-9638~40
팩스 | (02)3159-9637

ISBN 978-89-6023-526-7 03740

딱딱한 영어단어에 생명력을 불어넣는

쏙쏙 마스터 영단어

박상욱 저

Master SsokSsok
English Vocabulary

ESSAY

머리말

연어를 잡는 곰을 보며,
잠재된 능력을 키워가는 현명한 늑대처럼
끊임없이 자신을 Benchmarking(벤치마킹)하는
여러분들이 되길 바랍니다.

2010년 12월 1일
도봉산 기슭에서

차례

PART 1   9

PART 2   43

PART 3   77

PART 4   111

PART 5   149

PART 6   183

PART 7   221

PART 8   253

부록   273

YOU CAN
DO IT

PART

frustrate

[프러스트레이트]

좌절시키다

***frustration** [프러스트레이션] **좌절(挫折)**

globe

[글로우브]

지구(地球)

***global** [글로우벌] **세계적인**

edge

[에지]
가장자리(境界)

*border [보더] 가장자리, 국경

threat

[뜨레트]
협박(脅迫)

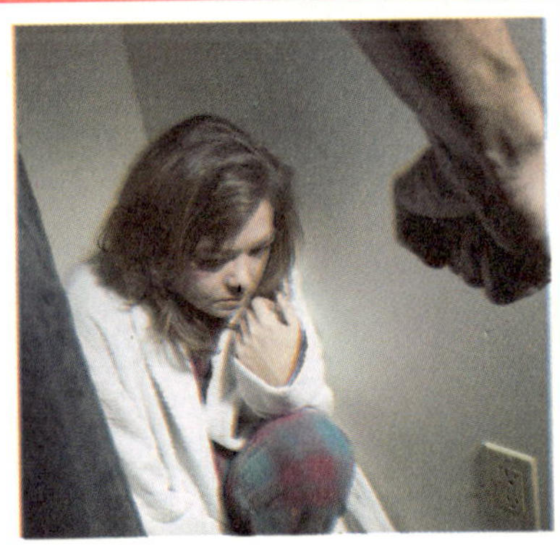

*threaten [뜨레튼] 협박하다

reap

[리프]

수확하다

***harvest** [하비스트] 수확, 수확하다

guilty

[길티]

죄를 범한

***crime** [크라임] 범죄

measure

[메저]

측정하다

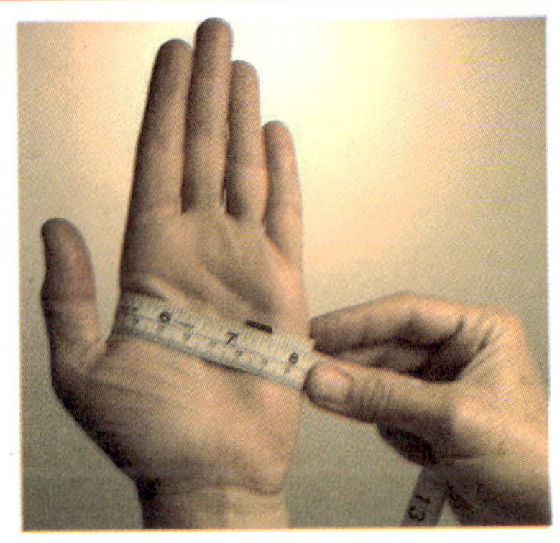

*gauge(gage) [게이지] 측정기, 치수

pulse

[펄스]

맥박(脈搏)

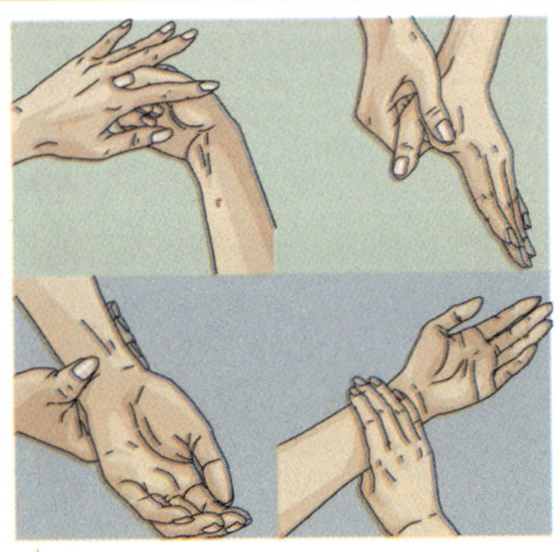

*pulsation [펄세이션] 맥박, 박동

victim

[빅팀]

희생자(犧牲者)

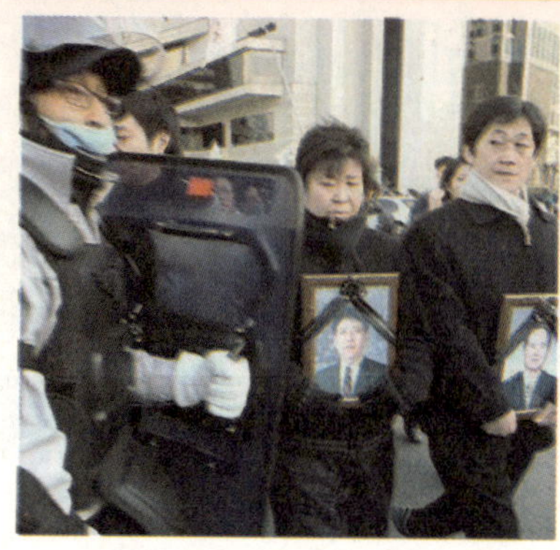

*sacrifice [새크리파이스] 희생, 제물

majesty

[매저스티]

폐하(陛下)

*majestic [매저스틱] 위엄있는

appreciate

[어프리쉬에이트]

감사하다

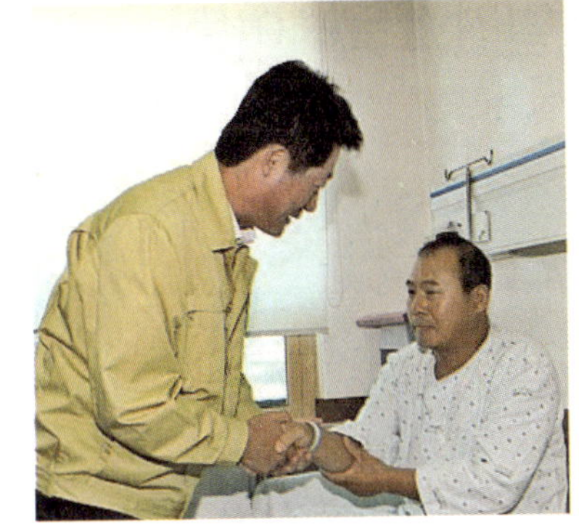

*appreciation [어프리쉬에이션] 감사(感謝)

challenge

[챌런지]

(능력, 시합 등에)
도전(挑戰),
도전하다,
시험대

*challenger [챌린저] 도전자

illustrate

[일러스트레이트]

설명하다, 그림(삽화)을 넣다

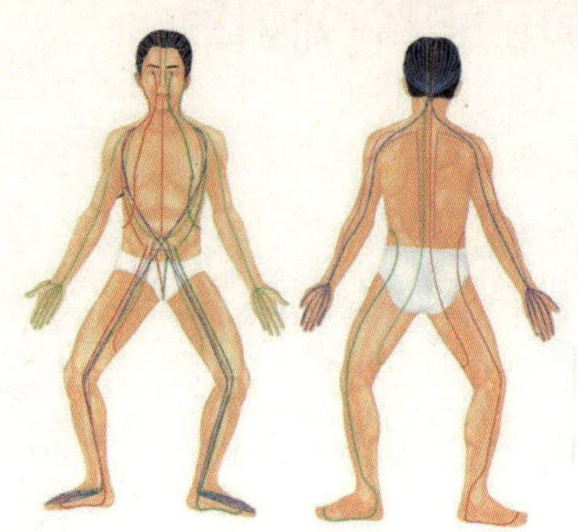

***illustration** [일러스트레이션] **설명(說明), 삽화**

comet

[카미트]

혜성(彗星)

***planet** [플래니트] **행성(行星)**

trail

[트레일]

흔적(痕迹)

*evidence [에비던스] 증거, 흔적

timber

[팀버]

목재(木材)

*lumber [럼버] 목재, 벌채하다

analyze

[애널라이즈]
분석하다

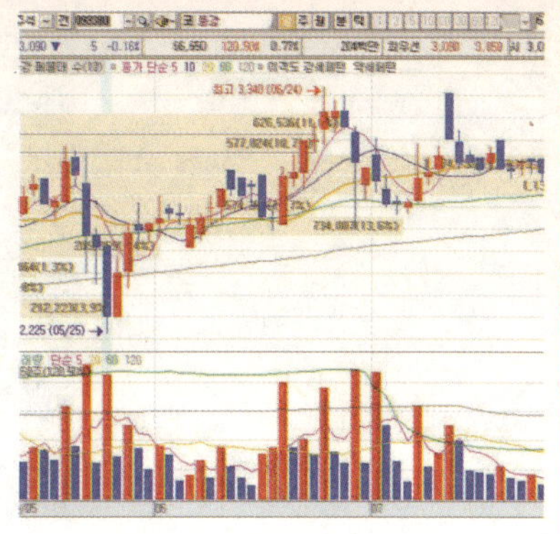

***analysis** [애널리시스] **분석(分析)**

riddle

[리들]
수수께끼

***enigmatic** [에니그매틱] **수수께끼 같은(불가사의한)**

rear

[리어]

후방의(뒤의)

***rearward** [리어워드, 리워드] 후방으로, 뒤쪽으로

sow

[소우]

씨를 뿌리다

***seed** [시드] 씨앗, 종자(種子)

sink

[씽크]
가라앉다

***settle** [세틀] **가라앉다, 침몰하다**

fever

[피버]
열병(熱病)

***temperature** [템프러처] **체온, 고열(高熱)**

encounter

[인카운터]

마주치다

*meet [미트] 만나다, 마주치다

shepherd

[셰퍼드]

양치기

*shepherdess [셰퍼더스] 여자 양치기

rational

[래셔널]

합리적인

*rationalism [래셔널리즘] 합리주의(合理主義)

behalf

[비해프]

이익(利益)

*on behalf of [온 비해프 오브] ~을 위하여

digest

[다이제스트]
간추리다

*Reader's Digest [리더스 다이제스트]
 독자를 위한 요약판

divide

[디바이드]
분리하다

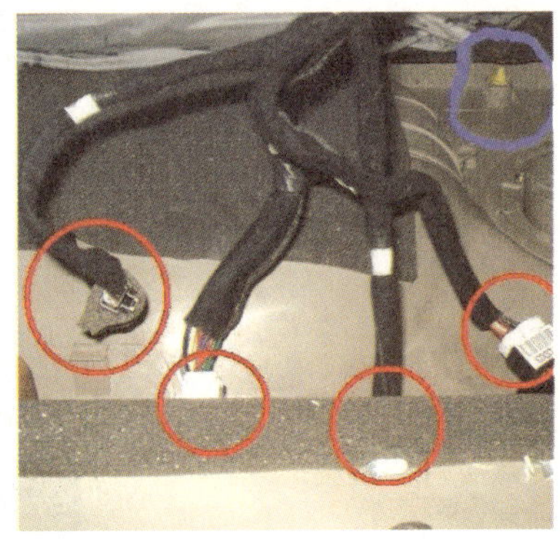

*division [디비즌] 분할, 분배

arrogant

[애러건트]
거만한

*arrogance [애러건스] 거만(倨慢)

thrift

[뜨리프트]
절약(節約)

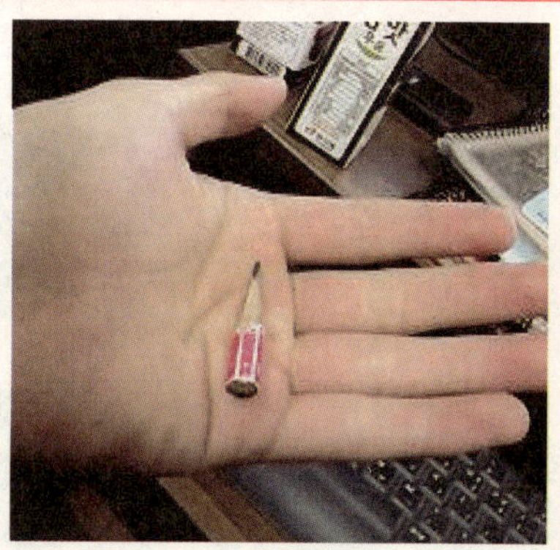

*thrifty [뜨리프티] 절약하는

thoroughly

[떠로울리]

철저하게

*thorough [떠로우] 철저한

parallel

[패러렐]

평행(平行)의

*equivalent [이퀴벌런트] 동등한

absolute

[앱솔루트]

절대적인

*absolutely [앱솔루틀리] 절대적으로

sculpture

[스컬프쳐]

조각(彫刻)

*sculptor [스컬프터] 조각가(彫刻家)

summit

[써미트]

꼭대기,
정점(頂點)

*apex [에이펙스] 꼭대기, 정점(頂點)

haunt

[혼트]

출몰하다

*appear [어피어] 나타나다

arctic

[악틱]

북극(北極)

*펭귄이 살지 않음(악! 펭귄 없네)

antarctic

[앤탁틱]

남극(南極)

*펭귄이 많이 있음(and 펭귄 있네)

exotic

[이그자틱]

이국(異國)적인

*alien [에일리언] 이질적인, 외계의

domain

[도우메인]

영역(領域)

*territory [테러토리] 지역, 영토

contrive

[컨트라이브]
연구하다

*contrivance [컨트라이번스] 발명품(發明品)

calculate

[캘키울레이트]
계산하다

*calculator [캘키울레이터] 계산기(計算器)

ashamed

[어쉐임드]
부끄러운

*shame [쉐임] 부끄러움

demon

[디먼]
악마(惡魔)

*evil [이블] 사악한, 악마의

laboratory

[래보러토리]
연구소(研究所)

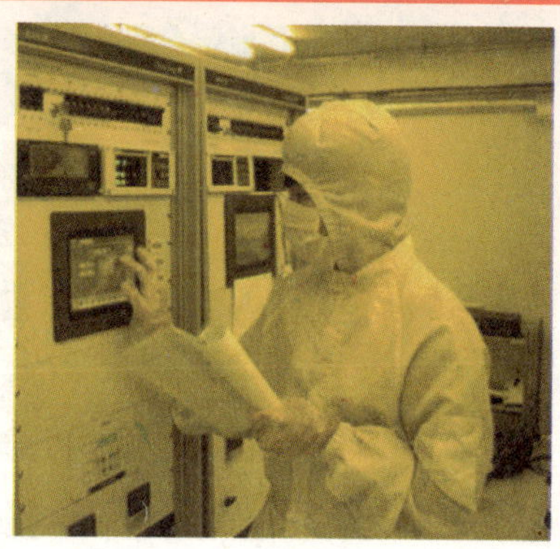

*labor [레이버] 노동(勞動)

doctrine

[독트린]
학설(學說)

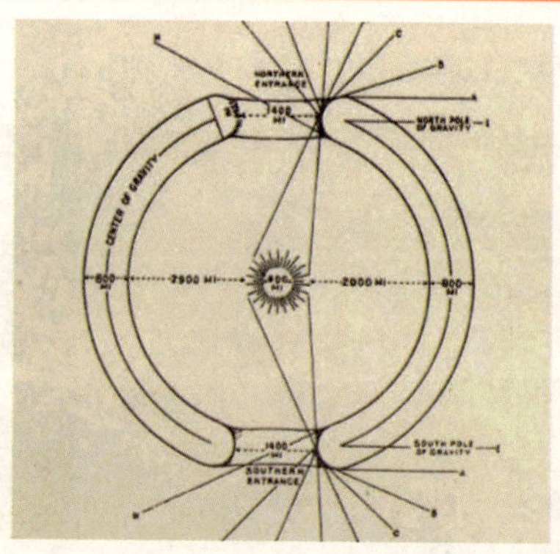

*theory [띠어리] 학설, 이론

contrast

[컨트래스트]

대조하다

*compare [컴페어] 비교하다, 비유하다

proficient

[프로피션트]

능숙한

*expert [엑스퍼트] 전문가, 숙련된

offspring

[오프스프링]

자식(자손)

*descendant [디센던트] 자손, 후손

metropolis

[머트러펄리스]

대도시(大都市)

*metropolitan [메트러폴리턴]
대도시의, (식민지)본국의

divine

[디바인]

예언하다

*prophecy [프라퍼시] 예언, 예언력

diverse

[다이버스]

다양한

*diversity [다이버시티] 다양성(多樣性)

authority

[어또리티]
권위(권한)

*authorization [어또리제이션] 인증(허가)

territory

[테러토리]
영토(지역)

*territorial [테러토리얼] 영토의(지역의)

famine

[패민]

굶주림

*starvation [스타베이션] 기아(飢餓), 굶주림

rapid

[래피드]

빠른

*rapidly [래피들리] 빠르게

annoy

[어노이]

괴롭히다

*annoyance [어노이언스] 괴롭힘

conservative

[컨서버티브]

보수적인

*conservation [컨서베이션] 보존(보호)

세계최대 영어권 한류 사이트 '숨피닷컴'

지난 2일 오전 6시 미국 캘리포니아 스탠퍼드대 기숙사.

4학년생인 **스테파니 파커**는 룸메이트의 단잠을 깨울까 조심하며 PC 앞에 앉았다. 그가 빨려들 듯 열중해 보기 시작한 건

▲ K-POP 열풍의 선두주자인 그룹 소녀시대, 슈퍼주니어, 원더걸스, 샤이니, 카라, 빅뱅

한국 드라마 '성균관 스캔들'의 최종회였다. 파커는 이 드라마를 '본방 사수(본 방송시간에 시청)' 하기 위해, 기꺼이 아침잠을 포기했다. 사극인 데다 영어 자막도 없지만, 이해하는 데 별 어려움은 없었다.

고교 시절 K팝(한국 대중음악)에 반한 그는 2년 전부터 한국어 공부를 열심히 해왔다. 이런 그가 하루에도 열두 번씩 드나드는 사이트가 있다.

영어로 된 세계 최대 한류(韓流) 커뮤니티인 '숨피닷컴(soompi. com)'이다. 그는 "숨피 덕분에 한국을 사랑하게 됐다. 한국에 살고 싶고, 평생 한국 음식만 먹어도 좋겠다."고까지 했다.

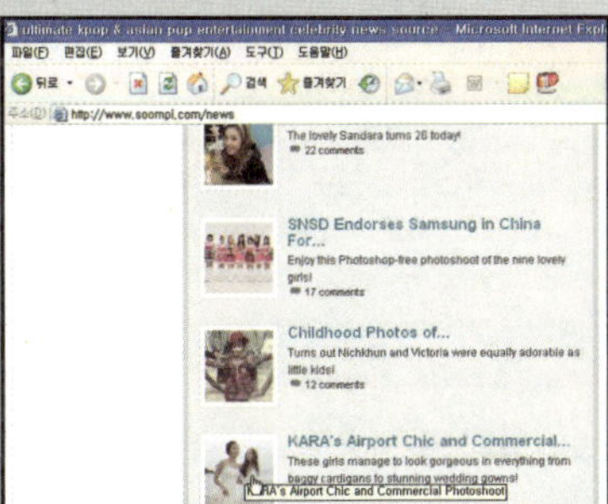
ultimate kpop & asian pop entertainment celebrity news source - Microsoft Internet Expl
파일(F) 편집(E) 보기(V) 즐겨찾기(A) 도구(T) 도움말(H)
뒤로 · 검색 즐겨찾기
주소(D) http://www.soompi.com/news
The lovely Sandara turns 26 today!
22 comments
SNSD Endorses Samsung in China For...
Enjoy this Photoshop-free photoshoot of the nine lovely girls!
17 comments
Childhood Photos of...
Turns out Nichkhun and Victoria were equally adorable as little kids!
12 comments
KARA's Airport Chic and Commercial...
These girls manage to look gorgeous in everything from baggy cardigans to stunning wedding gowns!
KARA's Airport Chic and Commercial Photoshoot

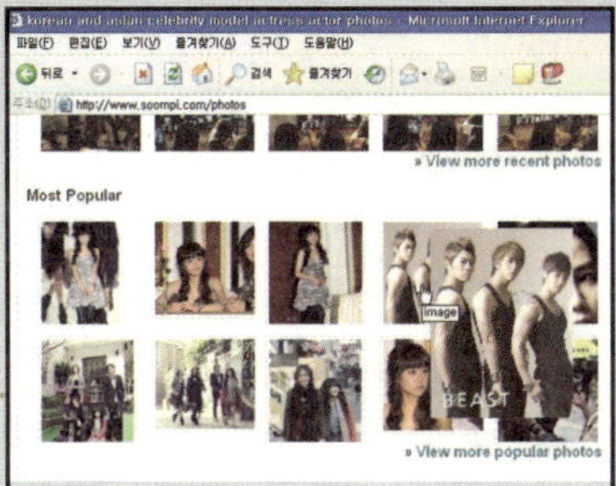
korean and asian celebrity model actress actor photos - Microsoft Internet Explorer
파일(F) 편집(E) 보기(V) 즐겨찾기(A) 도구(T) 도움말(H)
뒤로 · 검색 즐겨찾기
주소(D) http://www.soompi.com/photos
» View more recent photos
Most Popular
image
BEAST
» View more popular photos

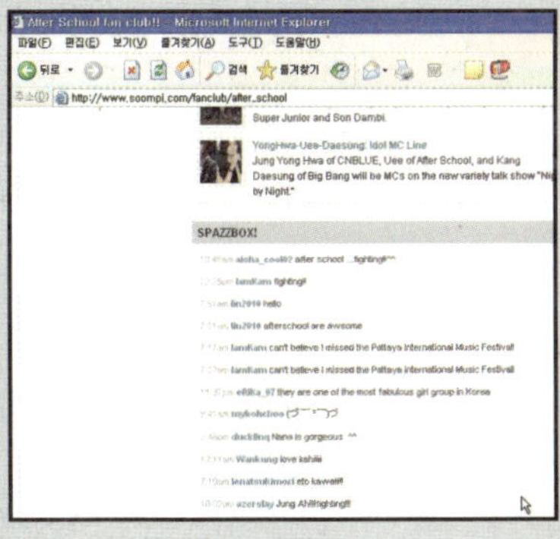
After School fan club!! - Microsoft Internet Explorer
파일(F) 편집(E) 보기(V) 즐겨찾기(A) 도구(T) 도움말(H)
뒤로 · 검색 즐겨찾기
주소(D) http://www.soompi.com/fanclub/after_school
Super Junior and Son Dambi
YongHwa-Uee-Daesung: Idol MC Line
Jung Yong Hwa of CNBLUE, Uee of After School, and Kang Daesung of Big Bang will be MCs on the new variety talk show "Night by Night."
SPAZZBOX!
after school ...fighting!
fighting!
hello
afterschool are awesome
can't believe I missed the Pattaya International Music Festival
can't believe I missed the Pattaya International Music Festival
they are one of the most fabulous girl group in Korea
Nana is gorgeous
love
Jung AH!!fighting!!

NEWS: K-Pop Idols To Promote Song For G20 Summit - Microsoft Internet Explorer
파일(F) 편집(E) 보기(V) 즐겨찾기(A) 도구(T) 도움말(H)
뒤로 · 검색 즐겨찾기
주소(D) http://www.soompi.com/news/kpop_idols_to_promote_song_for_g20_summit?fanclub=106194
GROUP OF 20

After School fan club!! - Microsoft Internet Explorer
파일(F) 편집(E) 보기(V) 즐겨찾기(A) 도구(T) 도움말(H)
뒤로 · 검색 즐겨찾기
주소(D) http://www.soompi.com/fanclub/after_school
Join Fan Club!
are you interested in making this FC more wonderful? PM melkimx to ask to become the after school FC mod! [more info]
RECENT PHOTOS   More photos »
RECENT NEWS   More news »
DJ KIDZERO - Shake It Vol.1 - KPOP Mixtape
DJ KIDZERO - Shake It Vol.1 - KPOP Mixtape

YOU CAN
DO IT

PART 2

scent

[센트]
향기(냄새)

*fragrance [프레이그런스] 향기, 향수

charity

[채러티]
자비(자선)

*charitable [채러터블] 자비로운

isolate

[아이설레이트]

고립시키다

*isolation [아이설레이션] 고립

particle

[파티클]

입자(극소량)

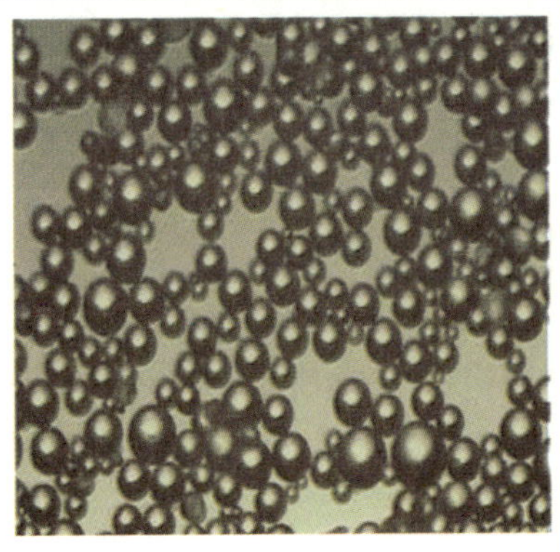

*minimum [미니멈] 극소량(極少量)

conscience

[칸션스]

양심(良心)

*conscientious [칸시엔셔스] 양심적인

identity

[아이덴터티]

동일성
(동질감)

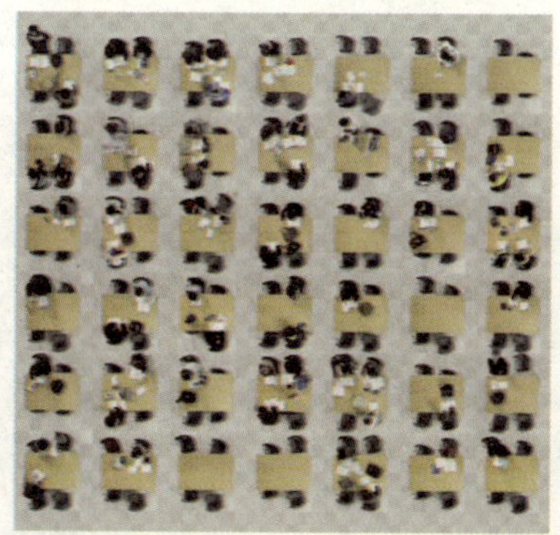

※'아이덴티티'는 정식 발음이 아님.

*identify [아이덴티파이] 동일시하다

delicate

[델리키트]

섬세한(민감한)

*exquisite [익스퀴지트] 정교한, 예민한

fertile

[퍼타일]

비옥한

*fruitful [푸루트플] 생산적인, 유익한

privilege

[프리빌리지]

특권(特權)

*prerogative [프리라거티브] 특권, 특혜

neglect

[니글렉트]

무시하다

*negligence [네글리전스] 무시(無視)

steady

[스테디]

확고한

*steadfast [스테드패스트] 확고 부동한

flavor

[플레이버]

맛(味)

*taste [테이스트] 맛, 미각(味覺)

irritable

[이러떠블, 이리떠블]

화를 잘내는

*irritate [이리테이트, 이러테이트] 화나게 하다

aspire

[어스파이어]

열망하다

*aspiration [어스피레이션] 열망(熱望)

abrupt

[어브럽트]

갑작스러운

*abruptly [어브럽틀리] 갑작스럽게

significant

[시그니피컨트]

중요한

*significance [시그니피컨스] 중요성(重要性)

disaster

[디재스터]
불행(不幸)

*disastrous [디재스트러스] 불행한(비참한)

murder

[머더]
살인(殺人)

*murderer [머더러] 살인자

convict

[컨빅트]

유죄를
선고하다

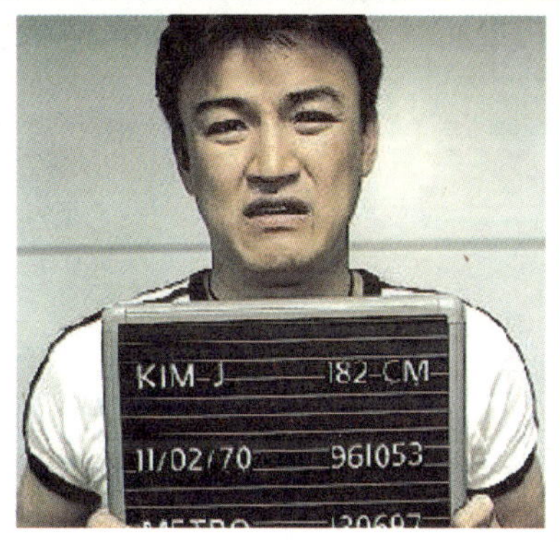

*conviction [컨빅션] 유죄 판결

symptom

[심프텀]

증상(症狀)

*flu symptom [플루 심프텀] 독감 증상

cease

[시스]
중지하다

***Cease fire!** [시스 파이어] **사격 중지!**

crowd

[크라우드]
군중, 인파

***public** [퍼블릭] **일반 사람들, 대중**

pathetic

[퍼떼틱]

불쌍한,
애처로운

*pitiful [피티플] 측은한, 가련한

beware

[비웨어]

조심하다,
주의하다

*careful [케어플] 조심하는, 주의깊은

comfort

[컴퍼트]

위로,
위로하다

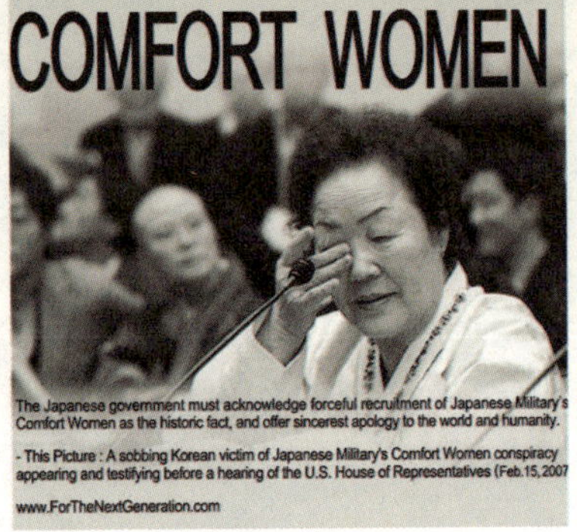

*comfort women [컴퍼트 위민] 위안부, 정신대

diagram

[다이어그램]

도표(圖表),
도해(圖解)

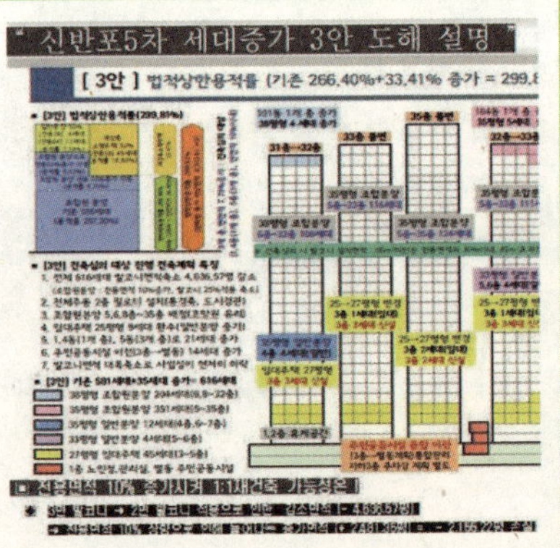

*chart [챠트] 도표, 차트

nephew

[네퓨]
조카(남자)

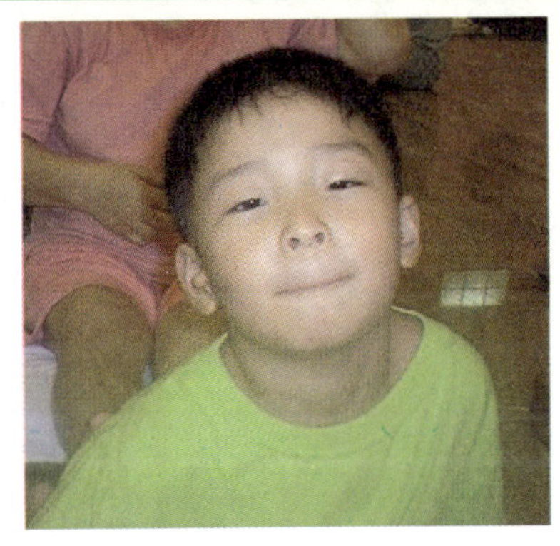

*grandnephew [그랜드네퓨] 조카의 아들

niece

[니스]
조카(여자)

*grandniece [그랜드니스] 조카의 딸

homicide

[호미사이드]
(美법률)
살인

*accidental homicide [액시덴틀 호미사이드]
과실치사(過失致死)

lawsuit

[로시우트]
소송, 고소

*sue [수, 시우] 고소하다, 청구하다

fetus

[피터스]
(임신 9주 후의)
태아

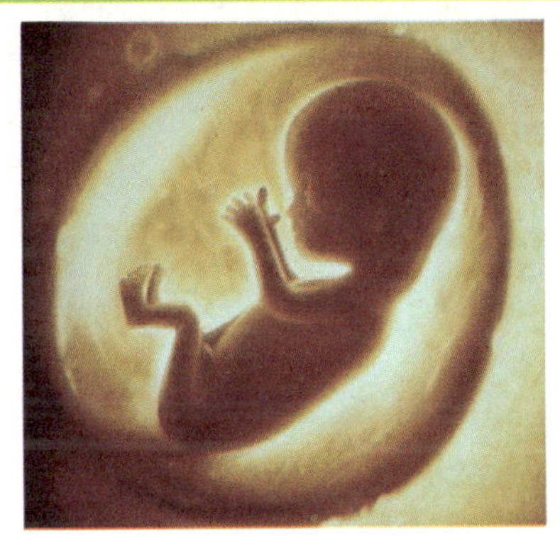

***embryo** [엠브리오우] 배아(수정후 8주까지)

infant

[인펀트]
유아, 젖먹이

***baby** [베이비] 아기, 막내

bite

[바이트]

이빨로
베어물다

*gnaw [노] 살짝 물어뜯다

embrace

[임브레이스,
엠브레이스]

포옹하다,
껴안다

*hug [허그] 포옹하다, 끌어안다

surf

[서프]

검색하다, 서핑하다

*search [서취] 찾아보다, 수색하다

illness

[일러스]

병, 아픔

*serious illness [시리어스 일러

transmission

[트랜스미션]

전파, 전승, 전염, 전송

*transmit [트랜스미트] 전송하다, 전염시키다

aurora

[오로러]

오로라, 극광(極光)

여명(黎明)

gallop

[갤럽]

질주하다,
달리다

*sprint [스프린트] 전력 질주하다

extensive

[익스텐시브]

광범위한,
광활한

*vast [배스트, 바스트] 방대한, 막대한

sunset

[선셋]

일몰(日沒), 저녁 노을

*evening glow [이브닝 글로우] 저녁 노을

proximity

[프록시머티,
프락시머티]

근접,
가까움

*approach [어프로우취] 근접하다, 근접

outrage

[아웃레이지]

격노, 격분

*infuriate [인퓨리에이트] 극도로 화나게 만들다

glower

[글라우어]

노려보다

*scowl [스카울] 노려보다, 쏘아보다

hospitalization

[하스피털리제이션]

입원,
입원 기간

*hospitalize [하스피털라이즈] 입원시키다

wail

[웨일]

통곡,
통곡하다

*bitterly [비터리] 비통하게, 격렬히

alteration

[올터레이션]

변화, 개조

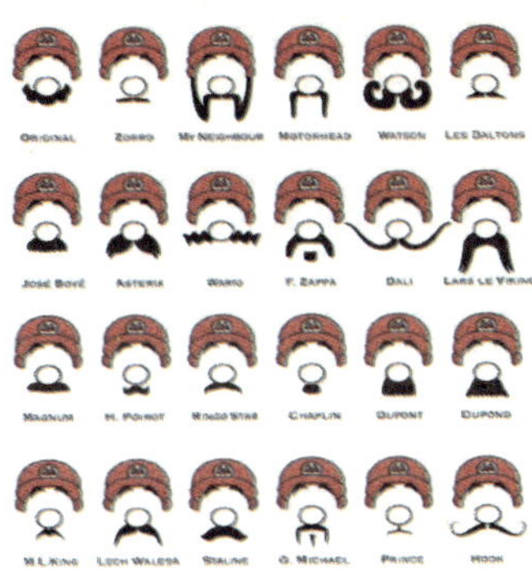

*alter [올터] 변하다, 고치다

cannon

[캐넌]

대포,
기관포

*artillery [아틸러리] 대포, 포병대

militarization

[밀러터리제이션]

무장화(武裝化)

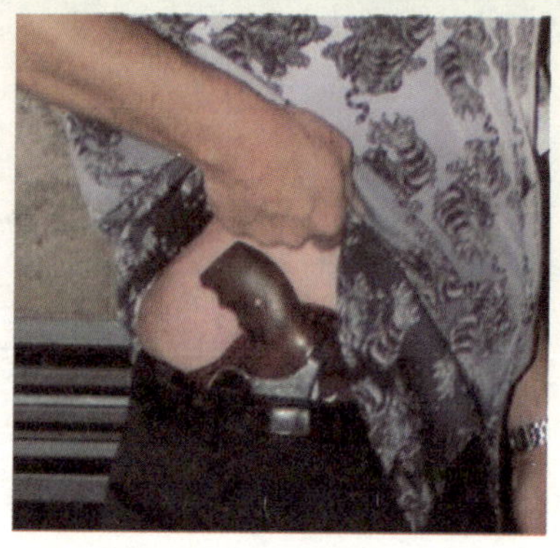

*militarize [밀리터라이즈] 무장시키다

contrast

[컨트래스트]

대조, 대비,
차이, 명암

*compare [컴페어] 비교하다, 비유하다

minute

[마이뉴트]

미세한, 정밀한

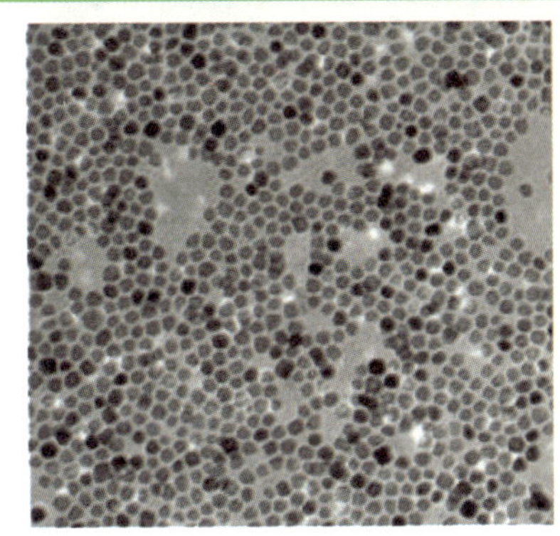

*minute by minute [마이뉴트 바이 마이뉴트]
  시시각각(時時刻刻)

lightning

[라이트닝]

전광(電光), 번개불

*flash [플래쉬] 섬광(閃光), 번쩍임

origin of species

[오리진 오브
스피쉬즈]

종(種)의 기원
(다윈의 저서)

*species [스피쉬즈] 종(생물의 기초단위)

evolution

[에벌루션]

진화, 발전

*evolve [이볼브] 진화하다, 발달하다

distinction

[디스팅크션]

차이, 구분

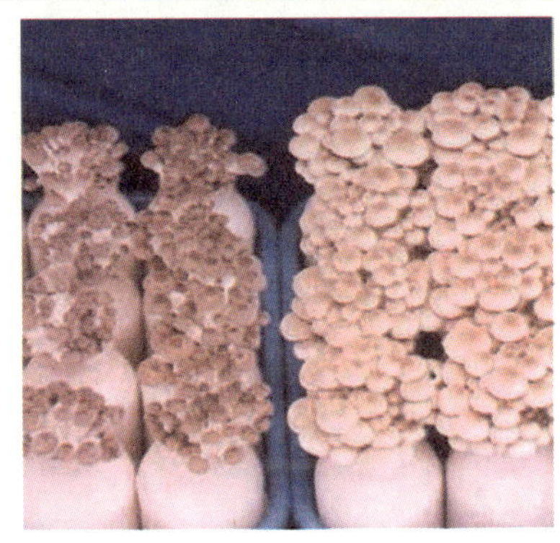

*distinguish [디스팅귀쉬] 구별하다, 식별하다

abandon

[어밴던]

버리다, 떠나다

*abandon a ship [어밴던 어 쉽] 배에서 탈출하다

nightscape

[나잇스케이프]

야경(夜景), 야경화(夜景化)

*night scene [나이트 씬] 야경(夜景)

obstacle

[오브스터클]

장애, 장애물

*barrier [배리어] 장벽, 한계

'숨피닷컴' CEO 조이스 김

70만 숨피 회원들은 이처럼 한류를 접한 뒤 한국 사랑에 빠진 외국인이 대부분이다. 우리 교포는 10%에 불과하다.

자그마한 인터넷 커뮤니티로 출발한 이 사이트를 주목받는 신생 인터넷 벤처로 키운 이는 이민 2세대인 조이스 김(31, 한국 이름 '김주란') 최고경영자(CEO)다.

15세에 고교를 조기 졸업한 뒤 코넬대를 거쳐 하버드대에서 역사학 석사학위를 받았다. 컬럼비아대 로스쿨 졸업 후 뉴욕의 셔먼&스톨링 등 유명 로펌에서 벤처 상장 전문 변호사로 일하다 숨피에 합류했다.

'스타트업 위크엔드 서울' 강연과 사업 제휴 차 최근 방한한 그를 만났다.

조이스 김 CEO는 "이미 합류한 일본 소프트뱅크 외에 여러 투자자의 제안을 받고 있다. 숨피를 아시아 대중문화의 글로벌 플랫폼으로 키우고 싶다"고 말했다.

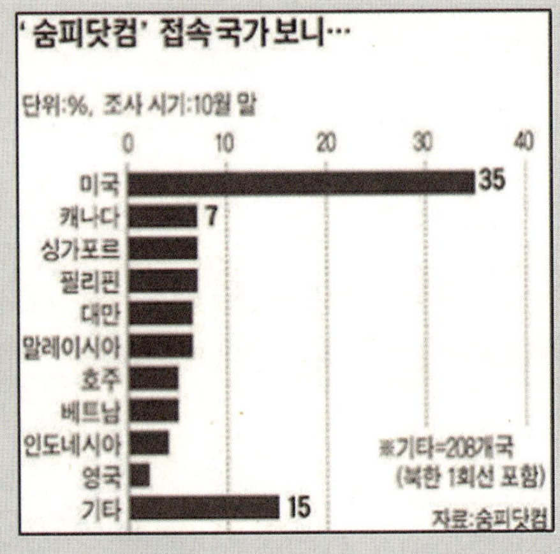

"한국 방송사나 드라마 제작사들은 여전히 낡은 배급 시스템을 고수하고 있어요.

미국에서 한국 드라마나 방송을 실시간 시청하려 해도 주요 방송사 홈페이지는 인터넷 실명제 때문에 외국인이 로그인하기 무척 어려운 공간입니다.

드라마 파일을 유료로 제공하는 곳도 미국에선 찾기 힘들어요. 따로 제휴를 하려 해도 목돈을 요구하니, 벤처기업들은 엄두를 못 내고요.

　등록이나 결제를 하려면 인터넷 익스플로러(IE)를 써야 하죠. 미국도 소비자가 좀 더 디지털 콘텐츠에 쉽게 접근하는 쪽으로 계속 바뀌고 있는데, 한국 기업들도 이런 점을 고려했으면 하는 바람입니다."

YOU CAN
DO IT

PART

3

scarface

[스카페이스]

얼굴의 흉터,
갱스터(속어)

*scar [스카] 흉터, 자국

terminator

[터미네이터]

끝내주는 자,
종결자(終決子)

*terminate [터미네이트] 끝나다, 종결하다

wonder

[원더]

불가사의,
놀라움

*Wonder Woman [원더 우먼] 놀라운 여인

mechanic

[머캐닉]

기계학,
방법

*car mechanic [카 머캐닉] 자동차 정비공

assassin

[어쌔신]

암살범(暗殺犯)

*assassinate [어쌔시네이트] 암살하다

tutor

[튜터]

가정교사,
개인교사

*tutorial [튜토리얼] 개별지도, 개별지도의

accused

[어큐즈드]

피고인(被告人)
*피해를 끼친 사람

*plaintiff [플레인티프]
원고(原告), 고소인(피해를 당한 사람)

sorority

[써로러리(티)]

여학생
클럽(美)

*house on sorority Row [하우스 온 써로러리 로]
여학생(여대생) 기숙사

sword

[소드]
(무기로 쓰이는)
칼, 검(劍)

*naked sword [네이키드 소드] 빼든 칼, 드러낸 칼날

sorcerer

[소서러]
마법사(魔法師)

*magician [머지션] 마술사(魔術師)

operation

[오퍼레이션]

작전, 활동

*movement [무브먼트] (조직)운동, 동향

daybreak

[데이브레이크]

새벽, 동틀녘

*dawn [돈] 새벽, 여명(黎明)

thunder

[떤더]
천둥,
우뢰(우레)

*rumble [럼블] (천둥이) 우르르 울리다

intelligence

[인텔리전스]
기밀,
첩보(諜報),
지능,
정보요원

*Intelligence Agency [인텔리전스 에이전시]
정보국, 정보부

octagon

[옥터건]

8각형, 8변형

*hexagon [헥서건] 6각형, 6변형

lifeforce

[라이프 포스]

생명력(生命力)

*vitality [바이탤러티] 활력, 원기

footbath

[풋배뜨]

발 씻기,
발 씻는 대야

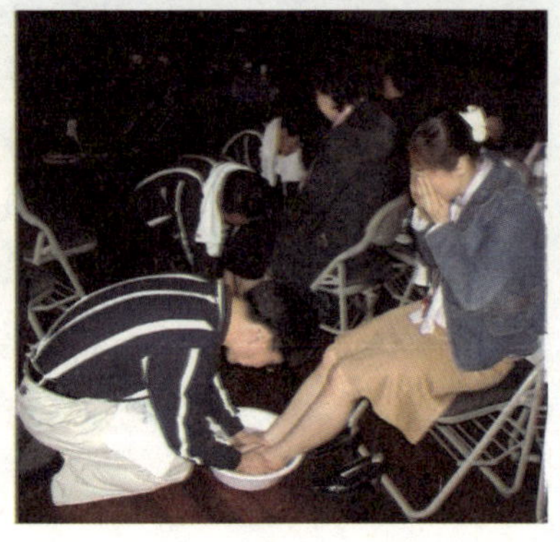

*foot-pan [풋-팬] 발 씻는 대야

nunchaku

[넌차쿠]

쌍절곤(雙節棍)

*jeet kune do(JKD) [짓 쿤 도] 절권도(截拳道)

premiere

[프리미어, 프레미어]

영화-개봉(開封), 연극-초연(初演)

*theater(theatre) [띠어터] 극장, 영화관

despair

[디스페어]

절망, 절망하다

*hopelessness [호우플리스니스] 가망 없음, 절망

regrettable

[리그레터블]

안타까운,
유감스러운

*regret [리그레트, 리그렛] 후회하다, 한탄하다

wheel

[윌]

(자동차, 수레
등의) 바퀴

*caster [캐스터] (가구, 의자 등의) 바퀴

cigarette

[시거레트]

담배, 궐련

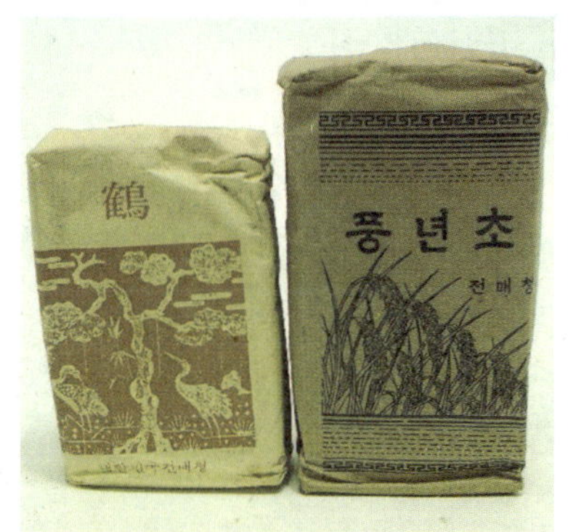

*tobacco [터배코우] 담배, 담배 재료

water bottle

[워러 바틀]

물통, 수통

*carafe [커래프, 커랩] 유리병

diviner

[디바이너]

점쟁이, 예언자

*fortune-teller [포천 텔러] 점쟁이

optical illusion

[옵티컬 일루전]

착시, 착시현상

*phenomenon [퍼노미넌] 현상, 경이로운 사람

republic

[리퍼블릭]

공화국(共和國)

*monarchy [모너키] 군주국(君主國)

advertisement

[애드버타이즈먼트]

광고(廣告)

*advertise [애드버타이즈] 광고하다

comic talk

[커믹 토크]

만담(漫談)

*gag [개그] 익살, 만담, 농담

dry milk

[드라이 밀크]

분유(粉乳)

*milk powder [밀크 파우더] (신생아가 먹는) 분유

theme

[띰]

주제, 테마

*leitmotif [라이트모우티프] 주제, 중심사상

duck

[덕]

오리,
암컷 오리,
여보게/자네

*drake [드레이크] 수컷 오리

sanctuary

[쌩추어리, 쌩크추어리]

보호구역, 피난처

*wildlife sanctuary [와일드라이프 쌩(크)추어리]
야생동물 보호구역

woodcarving

[우드카빙]

목각(木刻), 목각 장식품

*wooden doll [우든 돌] 목각인형(木刻人形)

provide

[프러바이드]

제공하다, 공급하다

*furnish [퍼니쉬] 제공하다, 비치하다

supplement

[써플먼트]

영양제, 보충제

*tonic [토닉] 영양제, 강장제

rust

[러스트]

녹, 녹슬다

*rusty [러스티] 녹슨, 색이 바랜

overlook

[오우버룩]

내려다 보다, 바라보다

*look down [룩 다운] 내려다 보다

penetrate

[페니트레이트]

투시하다,
관통하다

*fluoroscopy [플루로스커피] 투시 촬영(X선)

mournful

[모온플]

애절한

*grieved [그리브드] 슬퍼하는, 슬픈

removed

[리무브드]

떨어진,
제거된

*drip [드립] 흘리다, 떨어지다

tao

[타우]

[유교의] 도(道)
[도교의] 도(道)

*duty [듀티] 도리(道理), 의무

cultural assets

[컬처럴 애세츠]

문화재(文化財)

*asset [애셋] 자산(資産), 재산(財産)

craft

[크래프트]

보트, 배

*fishing craft [피싱 크래프트] 어선, 고기잡이 배

despondency

[디스폰던시]

허탈감(虛脫感),
낙담(落膽)

*despond [디스폰드] 낙심하다, 낙담하다

yawn

[요온]

하품,
하품하다

*yawning [요오닝] 하품을 하는

stir-fry

[스터 프라이]

볶음

*saute [소우테이] 볶음, 소테

regret

[리그렛]

후회하다,
후회(後悔)

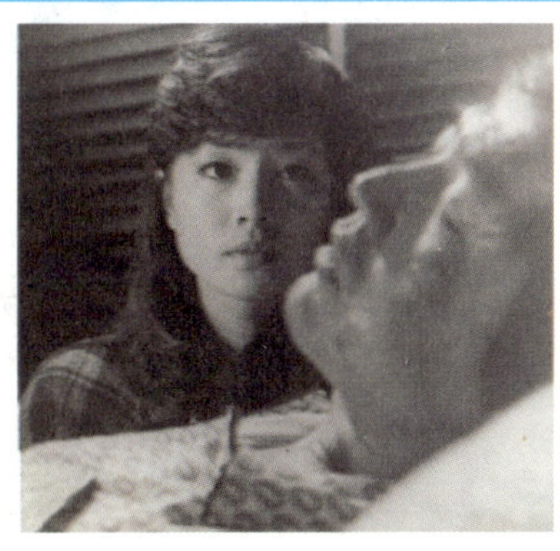

*repent [리펜트] 후회하다, 회개하다

engraving

[인그레이빙]

판화(版畵)

*woodcut [우드컷] 목판화(木版畵)

detective

[디텍티브]

형사(刑事),
수사관(搜査官)

*investigator [인베스티게이터] 수사관, 조사관

sunshine

[썬샤인]

햇빛, 햇살

*sunlight [썬라잇] 햇빛, 일광(日光)

tranquillity

[트랭퀼러티]

무사태평
(無事泰平)

*tranquil [트랭퀼] 고요한, 평온한

snipe

[스나이프]

저격하다, 비난하다

*sniper [스나이퍼] 저격수(狙擊手)

lament

[러멘트]

한탄하다, 애통하다

*lamentation [래먼테이션] 애통, 한탄, 통탄

cubism

[큐비점]

입체파,
큐비즘

*cubist [큐비스트] 입체파 화가

jackpot

[잭포트]

대박(大博),
거액의 상금

*bubble [버블] 거품, 짧은 호황

acclamation

[애클러메이션]

환호, 갈채

*cheer [치어] 환호성, 응원의 함성

absorbed

[어브소브드]

~에 몰두한, ~에 빠져있는

*absorption [어브소프션] 몰두, 흡수, 통합

쉬어가는 페이지

한류·SNS 접목 글로벌 벤처로…
하루 140만 명 방문

"미국에선 한류(韓流) 때문에 동양인 인생이 바뀌었습니다. 제 인생에서 한국말 하는 사람이래야 몇몇 교포밖에 없었는데요. 3년 전부터는 백인, 흑인, 중국인 친구들이 제게 한국어로 말을 겁니다.

 한국 대중문화 산업은 경제적 효과도 큽니다. 미국 젊은이들은 현대자동차를 타고 삼성 휴대폰을 쓰지만, 그것 때문에 한국에 관심을 가지지는 않아요. 한국 대중문화에 열광하기 때문이죠."

▲ 디렉티비 한인 홍보대사 뽑는 헐리웃 공개 오디션에서
폴 김 씨가 오디션에 대해 설명하고 있다.
왼쪽부터 컬래버레이션 설립자 폴 김씨,
디렉티비 마케팅 매니저 줄리아 샤이니, 숨피닷컴 CEO 조이스 김씨.

그녀 역시 한국말을 열심히 공부해 꽤 잘했다. 다음은 일문일답.

- 12년 전 개인 홈페이지로 시작했다고 들었다.

"친구의 언니인 미국 교포 강수진(35)씨의 홈페이지였다. '숨피'
는 별 뜻 없이 그의 친구들이 강 씨에게 붙여준 별명이다.

한국 대중문화에 관한 글을 주로 올렸는데 입소문을 타면서
방문자가 급증해 온라인 커뮤니티로 발전했다.

글로벌 사이트가 된 지금도 회원들은 수진 씨를 '마마(엄마)'라
부르며 따른다. 지금 우리 회사 최고기술책임자(CTO)로 일한다."

- 회원 충성도가 높다는데.

"사이트 내 수백만 개 콘텐츠를 직접 생산하는 것은 물론 더
좋은 글과 사진을 구하기 위해 '한국 원정 취재'도 마다하지 않

는다.

세계 50여 도시에서 수시로 '숨피 미트(meet)'라 부르는 오프라인 모임을 연다. 한류 관련 특종 뉴스로 종종 국내외 언론에 인용되기도 한다.

회원들의 그런 활약 덕분에 나를 포함 정직원 4명만으로 사이트를 꾸려가는 게 가능하다. 마케팅비를 써 본 적이 없다.”

- 인종·국적이 다양한 회원들 간에 갈등은 없나.

“한국 스타와 대중문화라는 공통분모로 인해 끈끈하다 싶을 정도의 결속력을 자랑한다.

'숨피 미트'에서 처음 만난 사람끼리도 식당/노래방/자택 등 한국식으로 3~4차를 옮겨가며 우정을 나눈다.”

YOU CAN
DO IT

PART

4

disabled

[디세이블드]

장애를 가진, 장애인들

*disable [디세이블] 장애를 입히다

wit

[위트]

눈치, 재치

*sense [쎈스] 눈치, 감지, 분별력

mischievous

[미스취버스]

짓궂은, 심술궂은

*mischievous boy [미스취버스 보이] 장난꾸러기

launch

[론취]

발사, 발사하다

*discharge [디스챠지] 발사하다, 발포하다

enchusiast

[인뜌지애스트]

열광적인 팬

*supporter [서포더, 서포터] 지지자, 팬

tron

[트론]

소립자(素粒子),
진공관(眞空管)

*particle [파티클] 입자(粒子), 조각

parrot

[패러트]

앵무새(鸚鵡새),
흉내내다

*parrot work [패러트 워크] (개성이 없는) 모조품

display

[디스플레이]

진열(陣烈),
진열하다

*out of display [아웃 오브 디스플레이] 여봐란 듯이

untamed

[언테임드]

길들여지지 않은, 야성 그대로의

*tame [테임] 길들여진, 말을 잘 듣는

parcel

[파슬]

소포(小包), 택배(宅配)

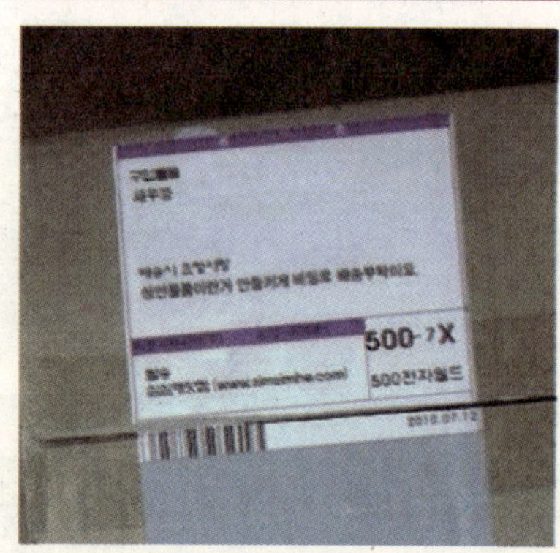

*delivery [딜리버리] 배달(配達), 전달(傳達)

bamboo

[뱀부]

대나무

*bamboo stilts [뱀부 스틸츠] 죽마(竹馬), 대나무 기둥

observation

[오브저베이션]

관찰(觀察),
주시(注視)

*observe [어브저브] 관찰하다, 목격하다

stack

[스택]

가지런히 쌓다, 깔끔하게 쌓다

*heap [히프] 아무렇게나 쌓다

muscle

[머슬]

근육(筋肉)

*ball of muscle [볼 오브 머슬] 정력가, 강건한 사람

climb

[클라임]

오르다,
올라가다

*climb over [클라임 오베] 넘다, 넘어가다

attention

[어텐션]

집중(集中),
주목(注目)

*attentive [어텐티브] 주의를 기울이는

overcome

[오버컴]

극복하다, 이기다

*surmount [써마운트] 극복하다

appointment

[어포인트먼트]

약속(約束), 약정(約定)

*appoint [어포인트] 정하다, 임명하다

pumpkin

[펌프킨]

호박
(늙은 호박)

*zucchini [주키니] 호박(애호박)

assignment

[어싸인먼트]

과제(課題),
임무(任務)

*homework [호움워크] (학교의) 숙제, 과제

pillar

[필러]

(받치는 용도의)
기둥

*square pillar [스퀘어 필러] 사각 기둥

antique

[앤티크]

골동품(骨董品)

*value antiques [밸류 앤티크스] 골동품을 감정하다

landscape

[랜드스케이프]

풍경화(風景畵)

*portrait [포트레이트] 초상화(肖像畵)

handshake

[핸드쉐이크]

악수(握手)

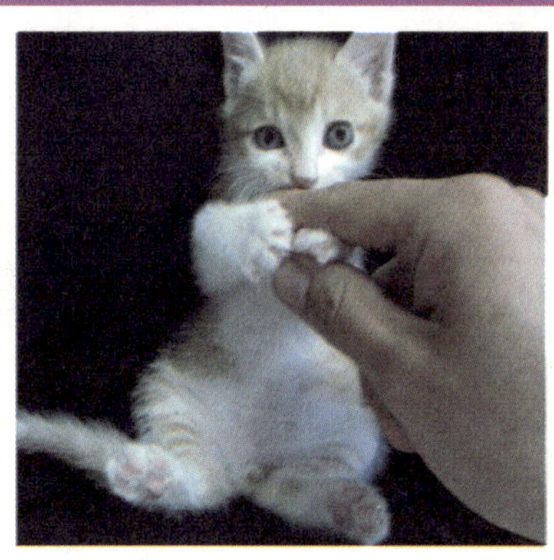

*firm handshake [펌 핸드쉐이크] 굳은 악수

goat

[고우트]

염소,
산양(山羊)

*goatskin [고우트스킨] 염소 가죽, 산양 가죽

octopus

[옥터퍼스]

문어(文魚)

*small octopus [스몰 옥터퍼스] 낙지

candlelight

[캔들라이트]

촛불

*candlelight vigil [캔들라이트 비질] 촛불 시위

warning

[워닝]

경고(警告), 경고문(警告文)

*warning light [워닝 라이트] 봉화(烽火)

quake

[퀘이크]

마구 흔들리다,
진동을 하다

*wobble [워블] 흔들리다, 떨다

only daughter

[오운리 도터]

외동딸,
무남독녀
(無男獨女)

*only son [오운리 썬] 외아들

bundle

[번들]

꾸러미, 묶음,
딸려 나오는
묶음

*package [패키지] 일괄 거래, 일괄 프로그램

satellite

[쌔털라이트,
쌔덜라이트]

(행성의) 위성,
인공 위성

*satellite picture [쌔덜라이트 픽처] 위성 사진

intimidation

[인티머데이션]

협박(脅迫), 위협(威脅)

*intimidate [인티미데이트] 겁을 주다, 위협하다

aircraft carrier

[에어크래프트 캐리어]

항공모함 (航空母艦)

*aircraft [에어크래프트] 항공기(航空機)

concentrate

[콘슨트레이트]

집중하다, 전념하다

*concentration [콘슨트레이션] 정신 집중, 집중력

stranger

[스트레인저]

낯선 사람, 처음 온 사람

*unfamiliar [언퍼밀리어] 낯설다, 익숙지 않다

shelter

[쉘터, 셀터]

피난처(避難處), 대피처(待避處)

*refuge [레피우지, 레퓨지] 피난처, 보호시설

collapse

[컬랩스]

주저앉다, 붕괴되다

*ruin [루인] 망치다, 폐허로 만들다

cultivator

[컬티베이터]

경운기(耕耘機)

*implement [임플리먼트] 도구, 기구

penalty

[페널티]

벌칙, 처벌,
위약금(違約金)

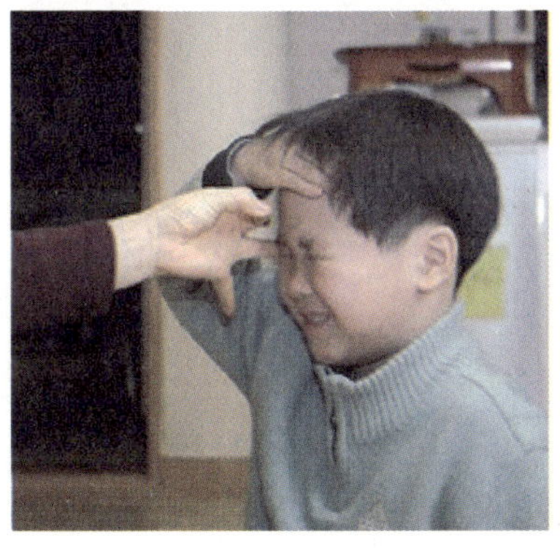

*penalize [피널라이즈] 처벌하다, 벌칙을 과하다

stand out

[스탠드 아웃]

돋보이다, 두드러지다

*outstanding [아웃스탠딩] 뛰어난, 두드러진

drought

[드라우트]

가뭄

*abnormal dry weather [애브노믈 드라이 웨더]
이상건조(異常乾燥)

high-altitude flying

[하이 앨티튜드
플라잉]

고공비행
(高空飛行)

***altitude** [앨티튜드] 고도(高度), 고지(高地)

mountaineering

[마운터니어링]

등산(登山)

***climbing** [클라이밍] 등산(登山), 등반(登攀)

embarrassing

[임배러싱]

난처한,
당혹스러운

*embarrass [임배러스] 난처하게 만들다

excitement

[익사이트먼트]

흥분(興奮),
흥분되는 일

*excite [익사이트] 흥분시키다, 자극하다

interpose

[인터포우즈]

끼어들다,
사이에 두다

*interfere [인터피어] 개입하다, 참견하다

uphill road

[업힐 로드]

오르막길

*incline [인클라인] 경사면(傾斜面)

stationmaster

[스테이션마스터]

[기차역의]

역장(驛長)

*station agent [스테이션 에이전트] (기차역의) 역장

barbarian

[바베리언]

미개인(未開人),
야만인(野蠻人)

*savage [쌔비지] 야만인, 미개인

incredible

[인크레더블]

믿을 수 없는, 믿기 힘든

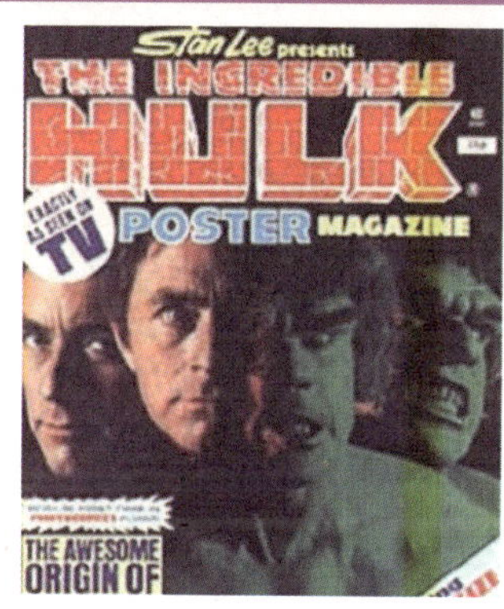

*hulk [헐크] 거대한 사람, 거대한 물건

innate

[이네이트]

타고난, 선천적인

*innate ability [이네이트 어빌러티]
천부적(天賦的)인 재능

variously

[베리어슬리]
여러 가지로,
다양하게

*various [베리어스] 각양각색의, 다양한

cherry blossom

[체리 블라썸]
벚꽃

*blossom [블라썸] (유실수, 관목의) 꽃

deputy driver

[데피우티 드라이버]
대리 기사
(代理 技士)

***deputy** [데피우티] 대행인, 대리인

emblem

[엠블럼]
상징(象徵)

***insignia** [인씨그니어] 휘장(徽章), 배지(뱃지)

cub

[컵]
(곰, 사자,
 여우 등의)
새끼

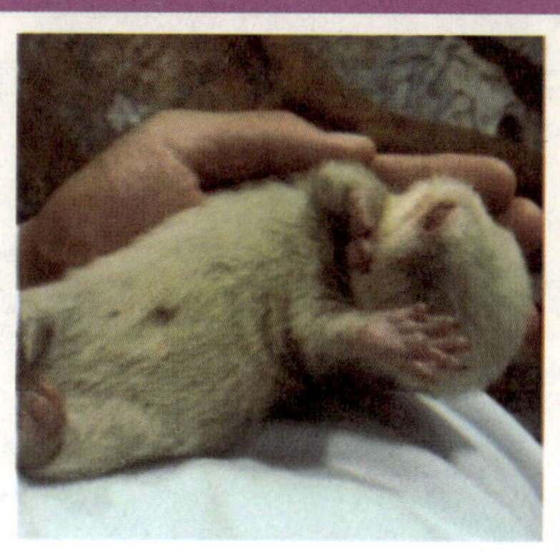

*pup [펍] (여러 동물의) 새끼

hue

[휴, 히우]
색상, 빛깔

*tint [틴트] 색조(色調), 염색(染色)

disapproval

[디써프루블]

반감(反感), 못마땅함

*disapprove [디써프루브] 못마땅해 하다

lunge

[런지]

돌진(突進), 돌진하다

*plunge [플런지] 돌진하다, 뛰어들다

wanted

[원티드]

수배(受配)중인,
수배를 받고
있는

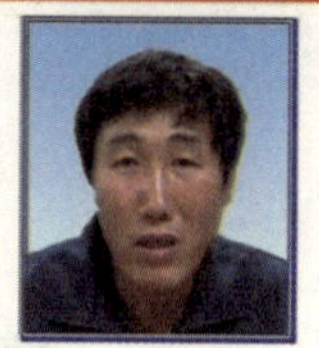

*openly search [오픈리 서취] 공개 수배(公開 受配)

chauffeur

[셔퍼]

(부자나 중요인물의
차를 모는) 기사

*chauffeur service [셔퍼 서비스]
대리 운전(代理 運轉)

floating home

[플로우팅 호움]

수상 가옥
(水上 家屋)

*floating [플로우팅] 유동적(流動的)인

thunderbolt

[떤더보울트]

벼락

*thunderstruck [떤더스트럭]
벼락 맞은, 극도로 놀란

submergence

[서브머전스]

잠수(潛水),
침수(浸水)

*frogman [프로그먼] 잠수부(潛水夫)

crest

[crest]

가문/조직 등을
상징하는 그림,
문장(紋章), 심벌

*coat of arms [코트 오브 암즈] 문장(紋章), 심벌

oppose

[어포우즈]

반대하다, 겨루다

*desperately oppose [데스퍼러틀리 어포우즈]
결사 반대하다

marvelous

[마벌러스]

신기한, 기묘한

*novel [노블] 새로운, 신기한

미도파(美都波) 백화점의 유래

미도파(美都波)는 영어 단어인 메트로폴리탄 (metropolitan)의 발음과 비슷하게 한자를 빌려서 쓴 말이다. 즉 '대도시의 백화점(또는 대도시

사람의 백화점)', '수도(首都)의 백화점'이라는 뜻으로 만든 이름이다. 미도파 백화점을 '메트로 미도파'라고 부르기도 하는데, 이 말도 이런 유래를 부각시키려는 의미로 생각된다.

1964년 무역회관(주)으로 발족하여, 1969년 미도파 백화점(주)으로 상호를 변경하였다. 1975년 이후 미도파 섬유, 가고파 백화점, 대농건설(주) 등을 흡수/합병하였으며, 1984년 (주)미도파로 상호를 변경하였다.

　1992년에 상계점, 1996년에 별도법인인 (주)춘천 미도파를 개
점하였고, 1997년 6월에는 건설사업 부문을 (주)성원 산업개발
에 양도하였다.

　1998년 3월 부도 발생으로 회사 정리절차를 신청하여 법정관
리를 받아왔으며, 2002년 7월 롯데쇼핑(주) 컨소시엄에 인수됨에
따라 롯데그룹 계열사로 편입되었고, 10월에 회사 정리절차가 종
결되었다.

　주요 사업은 백화점 경영 및 카드, 각종 공연, 영화업 등이며,
2002년 8월 롯데쇼핑(주)과 업무제휴 계약을 체결하였다.

　같은 해 9월 상계점을 롯데 백화점 노원점으로 개점하였으며,
10월에는 (주)춘천 미도파를 계열사에서 제외하였다. 2003년 3
월 상호를 현재의 이름으로 변경하였다.

YOU CAN
DO IT

PART

trigger

[트리거]

방아쇠,
도화선

***gunlock** [건록] **방아쇠**

point break

[포인트 브레이크]

제방에 부딪쳐
부서지는 파도

***breaker** [브레이커]
해안을 향해 부서지며
달려오는 큰 파도

trade show

[트레이드 쇼위]
(개봉영화) 시사회

*preview [프리뷰] 시사회

yoga

[요우거]
요가

*aerobics [에로우빅스]
에어로빅, 유산소 운동

gymnastics

[짐내스틱스]

체조

*gym [짐] 운동, 체육관

everyday life / daily life

[에브리데이 라이프 /
데일리 라이프]

일상 생활

*ordinarily [오드네럴리]
평소에

Joint Security Area(JSA)

[조인트 서큐러리
에리어]

(판문점의)
공동 경비 구역

*Security [서큐러티, 서큐러리]
보안, 경비, 안보

horizon

[허라이즌]

수평선,
지평선

*coastline [코우스틀라인]
해안선

statue

[스태추]

조각상

*carve [카브] 조각하다

exhibition

[엑시비션]

전시회,
박람회

*exposition [엑스퍼지션] 전시회, 박람회

jew

[주]

유대인,
유태인

*Hebrew [히브루]
히브리인, 히브리어

beam

[빔]

빛줄기,
환한 미소

*glare [글레어] 눈부시게 빛남

promote

[프러모우트]

육성하다,
촉진하다

*promotion [프러모우션] 승진, 승격

rugged

[러기드]

강인하게 생긴,
다부지게 생긴

*ruggedness [러기드니스]
억셈, 투박함

improvement

[임프루브먼트]

향상,
개선

*improve [임프루브]
개선하다, 향상시키다

obstinately

[아브스티너틀리]

막무가내로

*obstinate [아브스티너트]
고집 센, 완강한

regulation

[레기울레이션]

규정, 규제

*regulate [레기울레이트] 규제하다, 통제하다

appearance

[어피어런스]

겉모습, 외모

*look [룩] 외모, 생김새

footprint

[풋프린트]

발자국

*track [트랙] 발자국, 경주로

vitality

[바이탤러티]

활력

*vigor [비거] 활력, 생기

reflect

[리플렉트]

비추다, 반사하다

***reflection** [리플렉션]
반사, 심사숙고

bull

[불]

황소, 수컷

***cow** [카우] **암소, 암컷**

decay

[디케이]

썩다,
부패하다

*decompose [디컴포우즈]
분해되다, 부패되다

article

[아티클]

물품,
물건

*stationery [스테이셔네리]
학용품, 문구류

outlaw

[아웃로]

도망자(逃亡者), 범법자(犯法者)

*offender [어펜더]
범죄자, 범법자

announcer

[어나운서]

방송진행자, 아나운서

*broadcaster [브로드캐스터]
방송인, 방송 진행자

pure

[퓨어]

맑은,
깨끗한

*fresh [프레쉬] 상쾌한, 신선한

handstand

[핸드스탠드]

물구나무 서기

*headstand [헤드스탠드]
(머리를 바닥에 대는) 물구나무

bonfire

[본파이어]

모닥불
(캠프파이어 아님)

***campfire** [캠프파이어]
(야영장의) 모닥불

conflagration

[칸플러그레이션]

큰불,
대화재

***blaze** [블레이즈] (대형) 화재

kite

[카이트]

연(鳶),
솔개(매의 한 종류)

cafeteria

[캐퍼티리어]

셀프서비스식
식당,
구내 식당

strained

[스트레인드]

긴장한

***tense** [텐스] **긴장한, 팽팽한**

bathing cap

[베이딩 캡]

수영 모자(美)

***swimming cap** [스위밍 캡]
수영 모자(英)

costume

[코스티움]

전통 의상,
무대 의상

***outfit** [아웃피트]
특정한 목적의 복장

periodical

[피리아디클]

정기 간행물

***publication** [퍼블리케이션]
간행물, 출판물

alligator

[앨리게이터]

(미국, 남미산)
악어(鰐魚)

*crocodile [크로커다일]
(아프리카, 아시아산) 악어

tentacle

[텐터클]

(연체동물의)
촉수

*sucker [써커]
(낙지, 오징어 등의) 빨판

blood in blood out

[블러드 인
블러드 아웃]

피에는 피로
(한국 : 눈에는 눈, 이에는 이)
(스페인 : 바또스 로꼬스)

*riveting [리비팅]
 관심을 사로잡는,
 눈을 못 떼게 하는

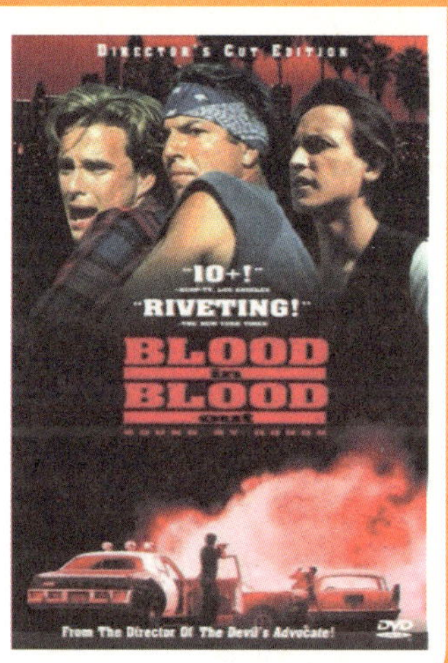

dare

[데어]

감히 ~하다,
~할 엄두를 내다

*SAS(Special Air Service)
 영국의 육군 공수특전단
 (세계 특수부대의 효시)

blade

[블레이드]

칼날,
스케이트의 날

*knife-edge [나이트 에지]
칼날

barley

[발리]

보리

*boiled barley [보일드 발리]
보리밥

sanction

[쌩션]

제재(制裁),
형벌(刑罰),
강제력(强制力)

***restriction** [리스트릭션]
 제한, 제약

resurrection

[레저렉션]

부활(復活)

***revival** [리바이벌]
 회복, 부활, 재공연

jaw

[조]

턱,
아가리

*jawbone [조보운] 턱뼈

suspend

[서스펜드]

매달다,
걸려 있다

*suspension [써스펜션]
연기, 보류

stone fence

[스톤 펜스]

돌담,
돌벽

*stone wall [스톤 월]
돌담, 돌벽, 장벽

outrage

[아웃레이지]

격분,
격노

*rage [레이지] 분노, 격노

seduction

[씨덕션]
유혹

*temptation [템프테이션]
유혹

imprison

[임프리즌]
투옥하다,
감금하다

*imprisonment [임프리즌먼트]
투옥, 구금

uncommon

[언카먼]

흔하지 않은, 비범한

*common [카먼]
흔한, 평범한

cannibal

[캐니블]

식인종(食人種), 육식동물

*carnibal [카니벌]
카니발, 축제

taking

[테이킹]

취득,
획득

*acquisition [애퀴지션]
습득, 취득

beast

[비스트]

짐승,
야수

*brute [브루트] 짐승, 야수

frontier

[프런티어]

경계,
한계

*pioneer [파이어니어] 개척

blame

[블레임]

~을 탓하다,
책임으로 보다

*blameless [블레임러스]
떳떳한, 책임이 없는

determined

[디터민드]

억척스러운

*dogged [도기드] 억척스러운, 끈덕진

look up

[룩 업]

올려다 보다, 쳐다 보다

*look down [룩 다운]
내려다 보다, 눈을 내리깔다

Peeping Tom(관음증)과
Godivaism(파격적인 시위)의 유래

코벤트리의 가혹하고 잔인한 영주 **레오프릭**에게는 정반대로 착한 성격의 아름다운 부인이 있었다. 그녀가 바로 Lady Godiva 이다.

그녀는 나날이 피폐해 가는 농민들의 모습을 보고 남편의 과중한 세금정책을 비판하고, 세금을 줄여 영주와 농민이 함께 살 수 있는 방법을 모색하라고 남편에게 충고했다. 그러나 **레오프릭**은 **고다이버**의 말을 귓전으로 흘려보내고, 그녀에게 도저히 불가능해 보이는 제안을 하기에 이릅니다.

"당신의 그 농노(農奴)사랑이 진심이라면, 그 사랑을 몸으로 실

천해라. 만약 당신이 완전한 알몸으로 말을 타고 영지를 한 바퀴 돌면, 세금 감면(減免)을 고려하겠다."

하지만 그녀는 남편의 제의를 짧은 고민 끝에 받아들이기로 하고, 어느 날 이른 아침에 전라(全裸)로 말 등에 올라 영지(領地)를 돌게 된다.

영주(領主)의 부인이 자신들을 위해 알몸으로 영지를 돈다는 소문을 접한 농노들은 그녀의 숭고한 뜻을 이어받아, 농민 스스로도 큰 결정을 내리게 된다.

그 마음에 감동하여 **레이디 고다이버**가 영지를 돌 때, 그 누구도 그 몸을 보지 않기로 약속하고, 집집마다 문과 창을 걸어 잠그고 커튼을 내려서 영주 부인의 희생(犧牲)에 경의를 표한다.

마침내 **레이디 고다이버**가 벌거벗고 마을로 내려온 날, **코벤**

트리 전체는 무거운 정적 속에서 자비로운 영주 부인의 나체 시위가 빨리 끝나기만을 기다리고 있었다. 이때 **레이디 고다이버**의 나이는 겨우 16세였다.

그녀는 결국 세금을 줄이는데 성공했고, 그녀의 이야기는 전설로 남아 전해져 오고 있다.

한편 호기심을 참지 못했던 양복 재단사 **톰**(Tom)이 몰래 훔쳐보다가 하늘이 노했는지 나중에 장님이 되어버렸다. 그래서 영국에서는 남몰래 엿보는 사람을 '피핑 톰(Peeping Tom : 관음증)'이라고 한다.

그리고 전해 내려오는 관습과 상식을 깨는 정치 행동을 '고다이버이즘(Godivaism)'이라고 하는데, 그 말이 당시 상상조차 할 수 없었던 파격적인 시위의 대명사, **고다이버**의 이름을 딴 것이다.

YOU CAN
DO IT

PART

6

soap opera [소우프 아프러]

(텔레비전/라디오) 연속극

*soap [소우프] 비누, 연속극(드라마)

abstract [애브스트랙트]

추상적인, 관념적인

*abstract painting [애브스트랙트 페인팅] 추상화

originator [어리저네이터]

시조, 원조, 창시자, 발기인

*forefather [포어파더] 조상, 시조

graffiti [그러피티]

낙서(주로 공공장소)

*scribble [스크리블] 갈겨쓰다, 낙서하다

burst [버스트]

터지다, 터뜨리다

*explode [익스플로우드] 터지다, 터뜨리다

conjugal [칸저글]

부부의, 부부관계의

*couple [커플] 커플, 부부

despondent [디스판던트]

낙담한, 실의에 빠진

*dejected [디젝티드] 실의에 빠진, 낙담한

treasure [트레저]

보물(寶物), 문화재

*treasure island [트레저 아일런드] 보물섬

escape [이스케이프]

탈출하다, 벗어나다

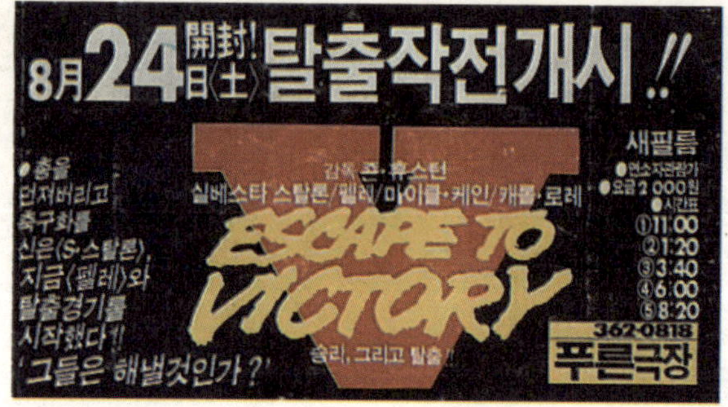

***eject** [이젝트] **탈출하다, 튀어나오게 하다**

soar [소어]

솟구치다, 날아오르다

***take off** [테이크 오프] **이륙하다, 날아오르다**

emulate [에뮬레이트]

모방하다, 따라가다

*imitate [이미테이트] 모방하다, 흉내내다

analysis [애널러시스]

분석(分析)

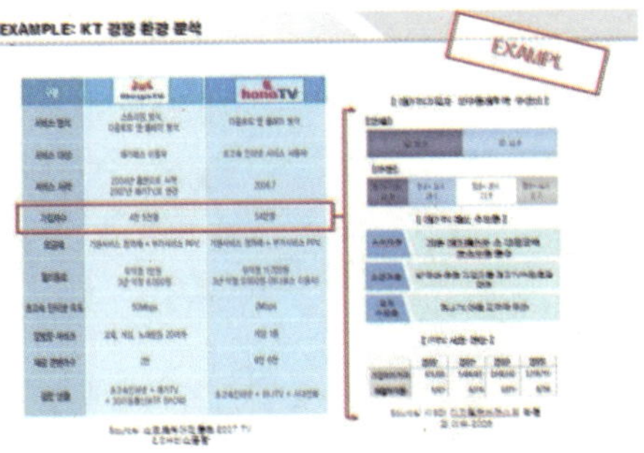

*analyze [애널라이즈] 분석하다, 분해하다

iceberg [아이스버그]

빙산(氷山)

*lump [럼프] 큰 덩어리

change [체인지]

잔돈, 거스름돈

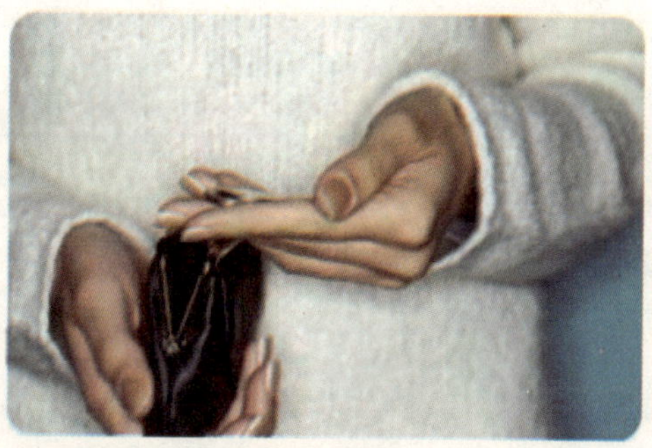

*figure [피규어] 계산하다, 계산

resemble [리젬블]

닮다, 비슷하다

*similar [시멀러] 비슷한, 유사한

analogous [어낼러거스]

유사한

*analogize [어낼러자이즈] 유사하다

innocence [이너슨스]

천진난만, 순진함

***artless** [아틀러스] **꾸밈없는, 소박한**

founder [파운더]

침몰하다, 실패하다

***sinking** [싱킹] **침몰, 가라앉음**

scenery [시너리]

경치, 풍경

*scene [신] 현장, 장면, 광경

championship [챔피언쉽]

선수권 대회, 챔피언전

*trophy [트로우피] 트로피, 우승컵, 전리품

exploit [익스플로이트]

개척하다, 개발하다

***exploitation** [익스플로이테이션] **개발**

novelty [노블티]

신기함, 새로움

***novel** [노블] **신기한, 새로운, 소설**

rush [러쉬]

서두르다, 쇄도하다

***dash** [대쉬] 서두르다, 돌진하다

cough [코프]

기침하다, 쿨럭거리다

***influenza** [인플루엔저] 인플루엔자, 유행성 감기

sewing [소우잉]

바느질, 재봉(裁縫)

*sewing machine [소우잉 머신] 재봉틀

pursue [퍼수]

보조를 맞추다, 쫓아가다

*follow [팔로우] 따라가다, 뒤따르다

seagull [시걸]

갈매기

***gull** [걸] 갈매기

admission [어드미션]

입장료

***ticket** [티키트] 입장권, 승차권, 복권

perspective [퍼스펙티브]
균형감, 원근법

*outlook [아웃룩] 관점(觀點), 전망(展望)

tremble [트렘블]
(두려움으로) 떨리다

*fright [프라이트] 두려움, 섬뜩함

tongue [텅]

헛바닥, 혀로 핥다

***lick** [릭] 핥다, 핥아먹다

reckless [레클러스]

천방지축인, 무모한

***imprudent** [임프루든트] 경솔한, 무모한

fete [페이트]

축제, 야외 (댄스)파티

***cookout** [쿡아웃] **야외 (식사)파티**

mist [미스트]

엷은 안개

***fog** [포그] **안개, 연무(煙霧)**

pray [프레이]
기원하다, 기도하다

*wish [위시] 기원하다, 빌다

lingering [링거링]
(사라지지 않고) 오래가는

*lingering imagery [링거링 이미저리] 여운(餘韻)

frantically [프랜티컬리]

죽을 힘을 다하여, 미친 듯이

*desperately [데스퍼러틀리] 죽을 힘을 다하여, 필사적으로

exclude [익스클루드]

따돌리다, 배제하다

*ostracize [오스트러사이즈] 외면하다, 배척하다

initial [이니셜]

처음의, 초기의

*incipient [인시피언트] 막 시작된, 초기의

salvation [쌜베이션]

구원, 구조

*Salvation Army [쌜베이션 아미] 구세군

whirlpool [워얼풀]

소용돌이

***vortex [보텍스] 소용돌이**

entanglement [인탱글먼트]

가시 철조망

***fence [펜스] 장애물, 울타리**

showcase [쇼우케이스]

공개행사, 진열장

***roadshow** [로드쇼우] 순회 공개방송(홍보행사)

pathetic [퍼떼틱]

애절하다, 애처롭다

***mournful** [모온플] 애절한, 서글픈

jumbo [점보우]

아주 큰, 특대(特大)의

*imperial [임피어리얼] 특대의, 고품질의

passbook [패스북]

(은행) 통장

*bankbook [뱅크북] (은행) 통장

gesture [제스처]

가리키다, 손짓을 하다

*indicate [인디케이트] 가리키다, 표시하다

Great Wall of China
[그레이트 월 오브 차이나]

만리장성(萬里長城)

*fortress [포트러스] 요새(要塞)

smash [스매쉬]

박살내다, 깨부수다

*shatter [쉐더, 쉐터] 산산조각 내다

farewell [페어웰]

작별, 작별인사

*parting [파딩, 파팅] 이별, 작별, 갈라짐

trance [트랜스]

황홀경(怳惚境), 무아지경(無我地境)

*ecstacy [엑스터시] 황홀감, 황홀경

prosecutor [프라시키우러]

검사(檢事)

*attorney [어터니] 변호사(辯護士)

primitive [프리머티브]

원시적인

*primary [프라이머리] 기본적인, 최초의

decay [디케이]

썩다, 부패하다

*decompose [디컴포우즈] 부패하다, 분해되다

boundary [바운드리]

경계선, 분계선

***bound** [바운드] 경계선, 접경 범위

suspicion [써스피션]

의혹, 혐의

***doubt** [다우트] 의심, 의혹

injury [인저리]

부상, 상처

***serious injury** [시리어스 인저리] **중상**

pollution [펄루션]

오염, 공해

***contamination** [컨태머네이션] **오염**

incomparable [인컴퍼러블]

대담무쌍한, 비할 데가 없는

*daring [데어링] 대담한, 대담성

beard [비어드]

턱수염

*sideburns [사이드번즈] 구레나룻, 귀밑털

pine [파인]

소나무

*pine cone [파인 코윈] 솔방울

collapse [컬랩스]

붕괴되다, 무너지다

*crumble [크럼블] 허물어지다, 무너지다

optimism [옵티미점]

낙관론(樂觀論), 낙천주의(樂天主義)

*optimist [옵티미스트] 낙천주의자, 낙관론자

suckle [써클]

젖을 먹이다, 젖을 빨다

*suckler [써클러] 포유동물(哺乳動物)

budget [버지트]

예산, 지출비용

*low-budget film [로우 버지트 필름] 저예산 영화

fairy [페어리]

요정(妖精)

*sprite [스프라이트] (물의) 요정, 도깨비

다이 하드(Die Hard)의 뜻은 무엇일까?

'다이 하드(Die Hard)'란 두 어절이 합쳐서 이루어진 단어이다.

직역(直譯) : 죽을 때까지 사력을 다하다

의역(意譯) : 죽을 때까지 버티다, 죽음까지 불사르다

즉, 결론적으로 영화상에서의 제목이 가지는 의미는 '죽을 때까지 저항하는 강인한 사람(브루스 윌리스)'을 가리킨다.

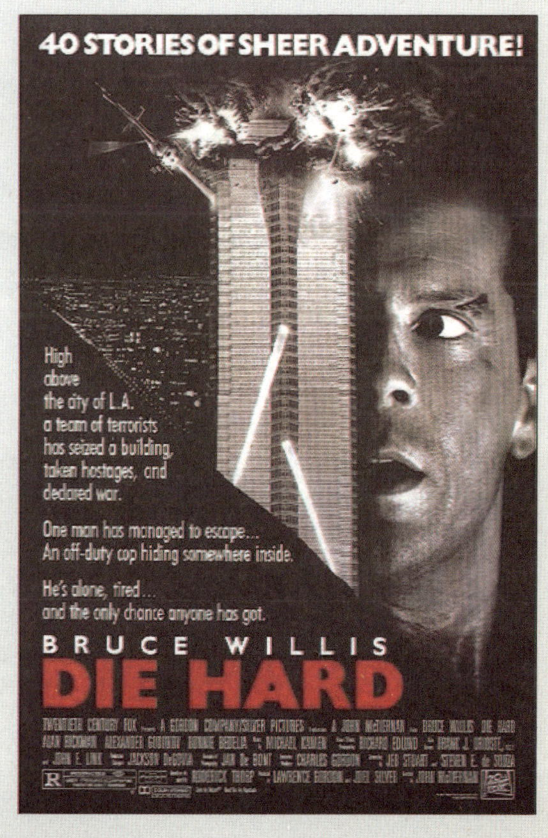

<리썰 웨폰> 시리즈와 함께 형사 액션물로서 가장 성공한 작품으로, 첨단 촬영 기법, 치밀하기 그지 없는 구성, 액션과 스펙터클로 영화팬들을 충격과 열광 속에 몰아넣은 특급 형사 오락물이다. 인기 TV 시리즈 <블루문 특급(Moonnighting)>으로 명성을 얻은 브루스 윌리스가 조금은 삶에 지친 듯한 표정에도 불구하고 거침 없는 유머와 범죄에 맞서는 액션으로 영화팬들을 매료시켰다. 종래의 액션 영화와는 다른, 새로운 차원의 액션을 창조하였다는 평을 얻은 이 영화의 원제 '다이 하드'는 주인공이 처한 상황을 가르키는 말로, '죽도록 고생하다'의 뜻.

옥의 티. 환풍구를 통과할 때 편집이 잘못 되어 러닝 색이 하얗다가 검게 되어있는 장면이 있다. 또 테러리스트들이 떠드는 독일말은 문법적으로는 전혀 말이 되지 않는다. 독일 개봉판에서는 테러리스트들이 독일에서 왔다고 하지 않고 유럽에서 왔다고 바뀌었다.

▲ 잡지나 신문에 많이 나온 '죽도록 고생하기'라는 해석(解釋)은
틀린 말이라고 볼 수 있다.

하찮고 별 볼 일 없는 형사에 불과하지만, 의로운 정의감(正義感)으로 남들은 마다하는 의협심에 불타, 죽음을 걸고 사력을 다해 정의를 위해 싸우는 수호자라는 의미(意味)이다.

전형적인 형사 폭력물의 하나로서 미국 영화에 브루스 윌리스(Bruce Willis) 주연의 <다이 하드(Die Hard)>가 있다. 위험한 고비를 넘기면서 죽을 것 같은데도 좀처럼 죽지 않고, 불사조처럼 살아남는 '현대판 영웅(英雄)'에 관한 이야기이다.

원래 <다이 하드(Die Hard)>의 유래는 약 2세기를 거슬러 올라간다. 영국, 포르투갈, 스페인 3개 연합군이 1811년 스페인의 서

북부에 위치한 도시 알부에라에서 프랑스군과 전투를 하게 되었다.

이때 프랑스군을 격파한 영국의 육군 제57 보병연대는 그 영웅적이고 무모할 정도의 희생(犧牲)으로 인하여 새로운 이름을 갖게 되었다.

57연대 병력이 적의 포화(砲火)로 여기저기서 허물어져 갈 때, 연대장 윌리엄 잉글리스 경(卿)도 빈사(瀕死)의 중상을 입고 쓰러지면서 "버티어라, 57연대여! 최후까지 저항하라!(다이 하드, Die Hard!)"라고 절규했다.

연대장의 말을 그대로 실행하여 '다이 하드(Die Hard)'란 명칭을 얻게 된 것이다.

20세기 들어와서는 분명히 패색이 짙음에도 불구하고, 자신의 정치적 입장을 고집하는 정치가에 대해 조소(嘲笑)하는 뜻으로 사용된 영국의 정치용어이기도 하다.

YOU CAN
DO IT

PART

7

troika

[트로이커]

3을 의미하는 러시아어, 함께 일하는 3명의 정치인, 3개의 국가

dignity

[디그너티]

위엄(威嚴), 품위(品位)

*imperative [임페러티브]
위엄 있는

desolate

[데설러트]

황량한,
적막한

*desolateness [데설러트니스]
황량함, 황폐

ranger

[레인저]

기습 공격대원,
공원 경비대원

*wild geese [와일드 기스]
용병(傭兵)

amazing

[어메이징]

놀라운

*surprising [써프라이징] 놀라운

valor / valour

[밸러]

(특히 전쟁터에서의) 용기

*spunk [스펑크] 용기, 투지

humanoid

[휴머노이드]
인간과 유사한
형태를 가진 로봇

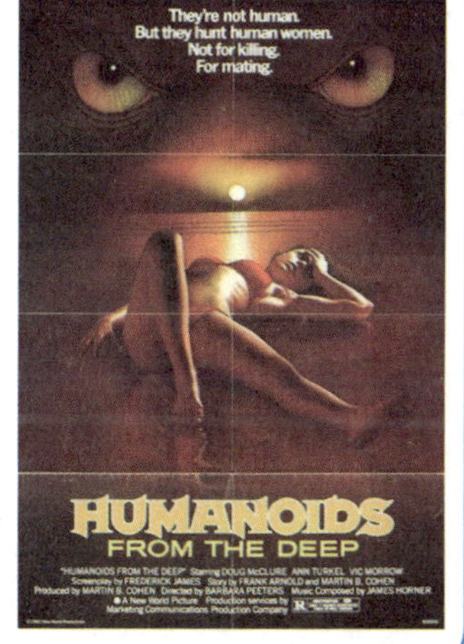

***cyborg** [싸이보그]
신체 일부가 기계로 개조된
인조인간

dinosaur

[다이너소어]
공룡(恐龍)

***raptor** [랩터]
매/독수리 등의 맹금류,
작고 빠른 공룡의 종류

enchant

[인챈트]

넋을 잃게 만들다,
황홀하게 만들다

*enchantment [인챈트먼트]
황홀감

receive

[리시브]

받아들이다,
수취하다

*receipt [리시트]
수취, 인수, 영수증

hopeless

[호우플러스]

이루어질 수 없는,
가망 없는

*unpromising [언프로미싱]
 가망 없는, 장래성 없는

husky

[허스키]

약간 쉰 듯한,
허스키한

*husky / huskie [허스키]
(눈썰매를 끄는) 허스키 개

typography

[타이포그러피]

활판 인쇄술,
도판(圖版)

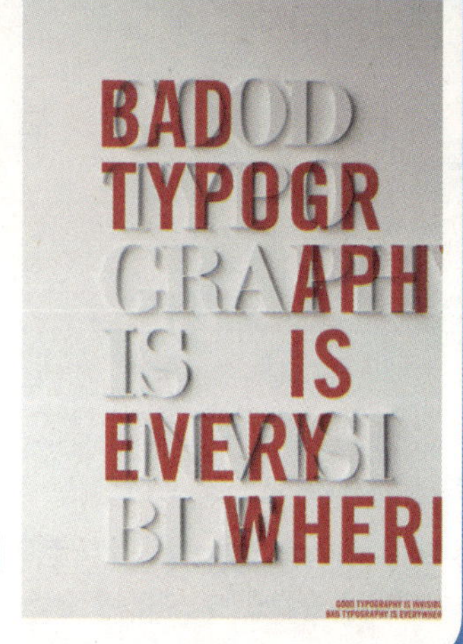

***typographer** [타이포그러퍼]
인쇄공, 식자공

blond / blonde

[블론드]

금발(金髮),
금발(金髮)의

***grizzle** [그리즐] 회색 머리

coffin

[코핀]

관(棺)

*casket [캐스키트] 관(棺)

(public) order

[오더]

질서(秩序),
순서(順序)

*disorder [디스오더]
무질서, 난동

ratio

[레이시오우]

비율(比率)

*rate [레이트] 비율

gorgeous

[고저스]

아주 멋진,
아주 아름다운

*gorgeous phrase
[고저스 프레이즈]
미사여구(美辭麗句)

conservative

[컨서버티브]

수수한,
보수적인

*dowdy [다우디]
볼품 없는, 촌스러운

desperate fight

[데스퍼러트 파이트]

혈투(血鬪)

*desperate [데스퍼러트]
필사적인, 발악하는

culprit

[컬프리트]

범인(犯人), 장본인(張本人)

*criminal [크리미늘]
범인, 범죄자

lofty

[로프티]

도도한

*haughty [호티]
거만한, 오만한

foliage

[포울리지]

나뭇잎

*leaf [리프] 나뭇잎

binding

[바인딩]

(제본용) 표지

*front(back) cover
앞(뒤) 표지

caricature

[캐리커처]

어떤 사람의
특징을 과장하여
우스꽝스럽게
묘사한 그림

*caricaturist [캐리커츄리스트]
풍자 만화가

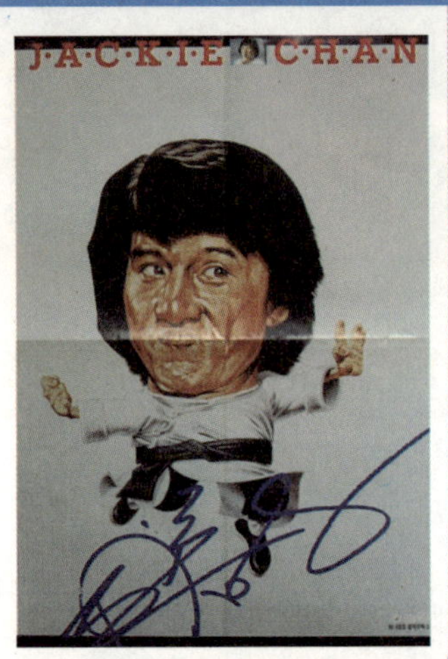

pupil

[피(우)펄]

눈동자,
동공(瞳孔)

*eyeball [아이볼] 안구, 눈알

cosmetic

[코즈메틱]

화장품
(주로 복수로 사용)

*fancy box [팬시 박스]
화장품 상자

judo

[주도우]

유도(柔道)

*hapkido [합키도우]
합기도

bunch

[번취]

갈래 머리, 다발, 묶음

*wild bunch [와일드 번취]
거친 떼거리, 터프한 놈들

fighting spirit

[파이팅 스피리트]

투지(鬪志), 투혼(鬪魂)

*determination [디터미네이션]
투지

commemoration

[커메머레이션]

기념(紀念),
기념 행사

*commemorate [커메머레이트]
 기념하다

exclusive

[익스클루시브]

독점 기사,
독점적인

*scoop [스쿠프] 특종기사

extemporary

[익스템퍼러리]

즉석의,
즉흥적인

*immediate [이미디어트]
  즉각적인

dove

[더브]

비둘기,
평화주의자

*pacifist [패시피스트]
  평화주의자

shapely legs

[쉐이플리 레그즈]

각선미(脚線美)

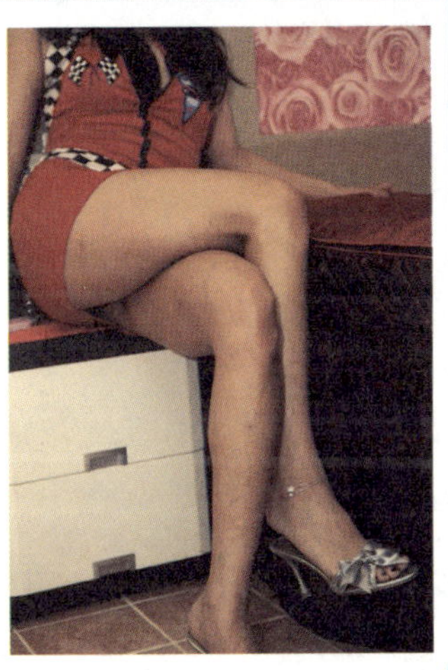

*shapely [쉐이플리]
맵시 있는, 균형 잡힌

exhibit

[이그지비트]

공모하다,
출품하다

*exhibition [엑시비션]
전시회

assemble

[어셈블]

조립하다,
집합시키다

*assembler [어셈블러]
조립공, 기술자

sunbath

[썬배드드]

일광욕(日光浴)

*sunbake [썬베이크]
일광욕(日光浴)

preference

[프레퍼런스]

선호(選好),
애호(愛好)

*prefer [프리퍼]
~을 더 좋아하다

passage

[패시지]

나아가다,
가로지르다

*air passage [에어 패시지]
통풍로, 통풍구

acrobatic

[애크러배틱]

묘기(妙妓)의,
곡예(曲藝)의

*feat [피트] 묘기, 재주

vantage

[밴티지]

우세, 유리,
유리한 점

*advantage [어드밴티지]
이점, 장점

confront

[컨프런트]

정면으로 부딪치다, ~에 직면하다

*confrontation [칸프런테이션]
대치, 대립

Sakyamuni

[사켜무니]

석가모니
(釋迦牟尼)

*Buddha [부더]
부처, 불타(佛陀), 깨달은 자

gambling

[갬블링]

도박(賭博)

*gambler [갬블러]
도박꾼, 노름꾼

military police(MP)

[밀리터리 폴리스]

헌병(憲兵)

*헌병 : 군대에서 경찰의 임무를 맡은 군인

distribute

[디스트리비우트]
나누어 주다, 분배하다

*distribution [디스트리비우션]
분배, 배급

confession

[컨페션]
자백, 고백

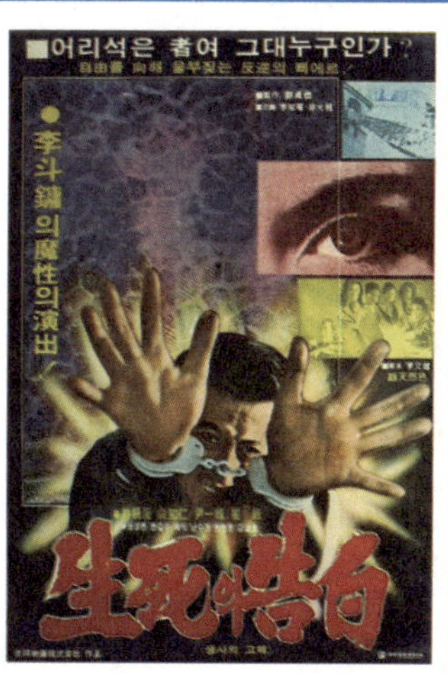

*confess [컨페스]
자백하다,
고해성사(告解聖事)를 하다

selection

[씰렉션]

선발,
선정

*contest [칸테스트] 대회, 시합

violence

[바이얼런스]

폭력,
격렬함

*nonviolence [논바이얼런스]
비폭력

slave

[슬레이브]

노예(奴隷)

*servant [서번트]
하인, 종업원

conquest

[캉퀘스트]

정복,
극복

*conqueror [캉커러] 정복자

destroyer

[디스트로이어]

파괴자,
구축함

*구축함 : 작고 빠른 전투함

apocalypse

[어포컬립스]

묵시록(黙示錄),
대재앙,
파멸

*묵시록 : 직접적이지 않고
　　　　 은근히 자신의 생각(사상, 환상)을
　　　　 나타내 보인 기록

thriller

[뜨릴러]
스릴러물
(범죄/스파이물)

*chiller [칠러] 스릴러물

grave

[그레이브]
무덤,
묘(墓)

*tomb [툼]
(돌로 만들어진) 무덤

tattoo

[태투, 터투]

문신(文身)

*tattooist [태투이스트]
(직업적인) 문신쟁이

opening ceremony

[오프닝 세러머니]

개막식(開幕式)

*ceremony [세러머니]
의식, 격식

본인이 만든

'마스터 영어/한자 사이트(http://blog.daum.net/cinemart)'이다.

여러 가지 한자나 영어에 관련된 내용이나 질문 등을

할 수 있게 꾸며져 있다.

YOU CAN
DO IT

PART

8

COLLECTOR'S SERIES
DOLBY DIGITAL & dts DIGITAL SURROUND SOUND
BRANDON LEE
THE CROW
"Spectacular!"
-Chicago Tribune
"Action-Packed!"
-WBAI Radio, New York
"Thrilling!"
-Los Angeles Daily News
"A Triumph!"
-Playboy
DVD
VIDEO

collector [컬렉터]

수집가, 징수원

surround [써라운드]

둘러싸다, 포기하다

crow [크로우]

까마귀, 수탉의 울음소리

spectacular [스펙태키울러]

장관을 이루는, 극적인

tribune [트리비윤]

호민관(護民官), 민중 지도자

thrilling [뜨릴링]

아슬아슬한, 흥분되는

action-packed [액션 팩트]

액션이 많은, 흥미진진한

triumph [트라이엄프]

승리, 환희, 개가(凱歌)

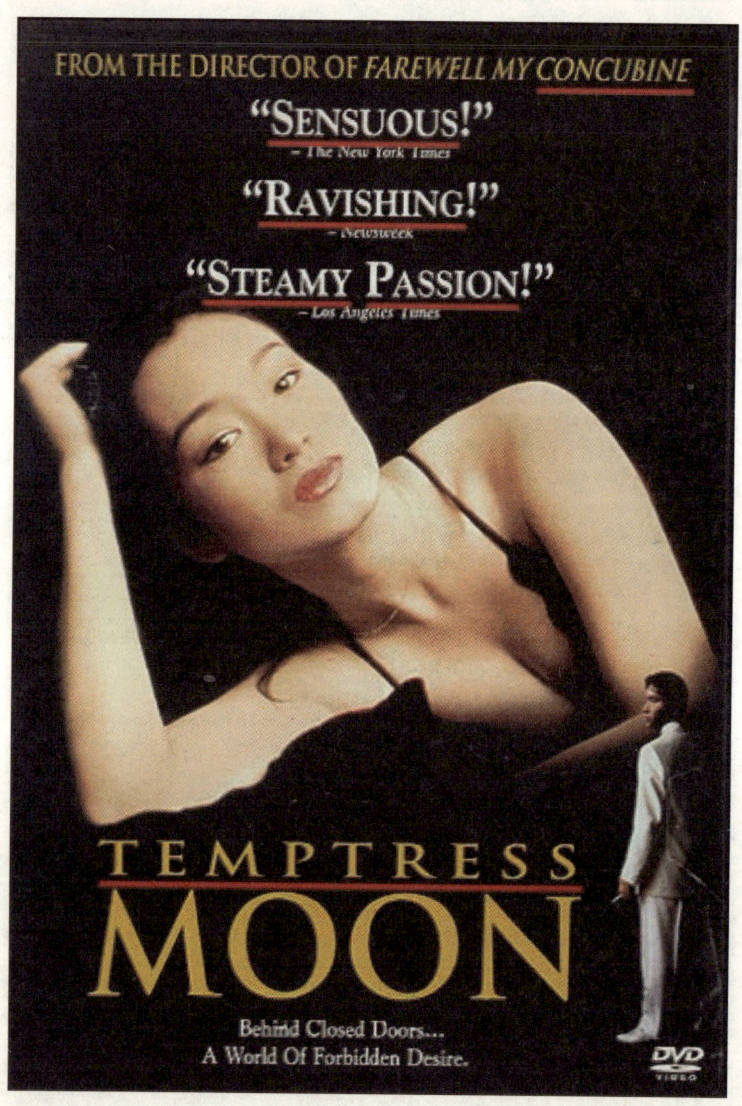
FROM THE DIRECTOR OF FAREWELL MY CONCUBINE
"SENSUOUS!"
– The New York Times
"RAVISHING!"
– Newsweek
"STEAMY PASSION!"
– Los Angeles Times
TEMPTRESS MOON
Behind Closed Doors...
A World Of Forbidden Desire.
DVD
VIDEO

concubine [콘큐바인]
첩(妾), 소실(小室)

sensuous [쎈슈어스]
둘러싸다, 포기하다

ravishing [래비슁]
기가 막히게 아름다운

steamy [스티미]
에로틱한, 선정적인, 김이 자욱한

passion [패션]
격정(激情), 열정(熱情), (예수의) 수난

temptress [템프트러스]
(남자를) 유혹하는 여자, 요부(妖婦)

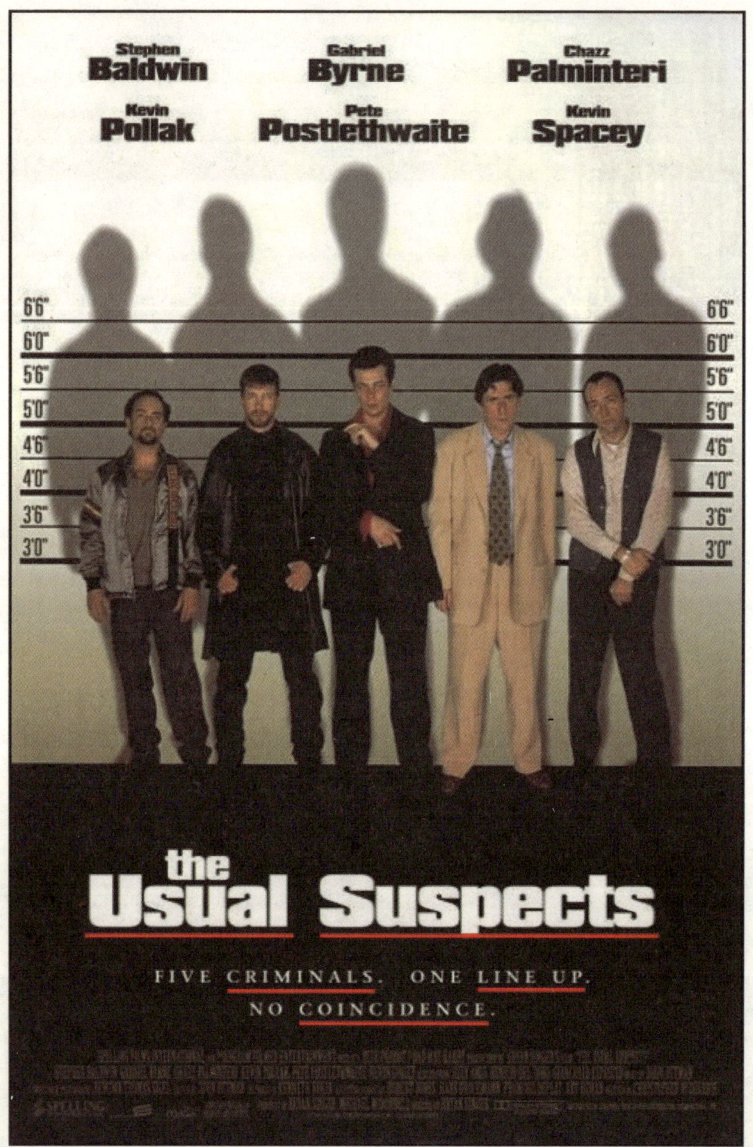
Stephen BALDWIN
Gabriel BYRNE
Chazz Palminteri
Kevin POLLAK
Pete POSTLETHWAITE
Kevin SPACEY
6'6"
6'0"
5'6"
5'0"
4'6"
4'0"
3'6"
3'0"
6'6"
6'0"
5'6"
5'0"
4'6"
4'0"
3'6"
3'0"
the USUAL SUSPECTS
FIVE CRIMINALS. ONE LINE UP.
NO COINCIDENCE.

usual [유주얼]
평상시의, 보통의

suspect [써스펙트]
의심하다, 혐의를 두다, 용의자(容疑者)

criminal [크리미늘]
범죄의, 형사상의, 범죄자(犯罪者)

line up [라인 업]
줄을 서다, 정렬시키다

coincidence [코인시던스]
우연의 일치, 동시 발생, 의견 일치

THE THRILLER LIVES!
"A DEBUT AS SCARIFYINGLY ASSURED AS ANY SINCE ORSON WELLES."
—Richard Corliss, Time Magazine

"THE QUICKSILVER SKILL OF SPIELBERG PLUS THE MALICE
OF HITCHCOCK."
—Bruce Williamson, Playboy Magazine

"A THRILLER THAT'S FRESH, FRIGHTENING AND FIENDISHLY FUNNY!"
—Peter Travers, People Magazine

"CONSIDERABLE WIT, ABUNDANT ORIGINALITY AND
A BRILLIANT VISUAL STYLE."
—Janet Maslin, New York Times

"THE MOST INVENTIVE AND ORIGINAL THRILLER IN MANY-A-MOON."
—David Ansen, Newsweek

Breaking up is hard to do.

Joel and Ethan Coen's
BLOOD SIMPLE

A Circle Films Release © 1985

debut [데뷔]
데뷔, 첫 출연

scarify [스캐리파이]
고르다, 골라내다

assured [어슈어드]
자신감 있는, 확실한, 보장받는

quicksilver [퀵실버]
변덕스러운, 유동적인

malice [맬리스]
악의(惡意), 적의(敵意)

fiendishly [핀디쉴리]
극도로

considerable [컨시더러블]
상당히, 많은

inventive [인벤티브]
창의적인, 독창적인

THE TWO MIGHTIEST MONSTERS OF ALL TIME!
...IN THE MOST COLOSSAL CONFLICT THE SCREEN HAS EVER KNOWN!
JOHN BECK presents
KING KONG VS. GODZILLA
IN COLOR
A TOHO COMPANY LTD. Picture • A Universal Release
Universal Release
ALL NEW!

mightiest [마이티스트]
가장 힘쎈, 가장 강력한

colossal [컬로슬]
거대한, 엄청난

conflict [컨플릭트]
갈등(葛藤), 충돌(衝突)

LTD
(회사명 뒤에 붙어) 유한 책임의(Limited)

picture [픽처]
영화, 그림, 사진, 영화관(극장)

universal [유니버슬]
일반적인, 보편적인, 전세계적인

release [릴리스]
풀어주다, 방출하다, 공개하다

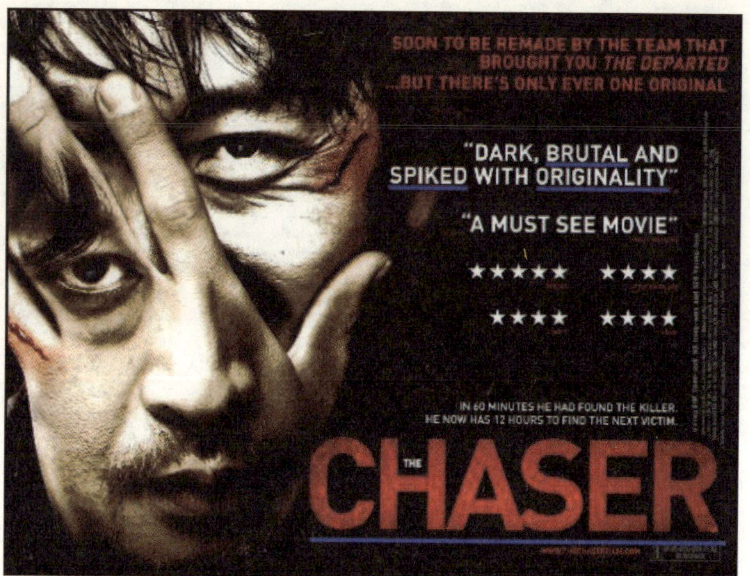

brutal [브루틀]
잔혹한, 악랄한, 인정사정 없는

spiked [스파이크트]
스파이크(징)가 박힌

orginality [어리저낼러티]
독창성(獨創性)

chaser [체이서]
추격자(追擊子), 사냥꾼

쉽게 이용할 수 있는 컴퓨터 영어사전

① '네이버(www.naver.com)' 사이트에 들어가, '영어사전'을 검색하면 '네이버 영어사전'으로 들어갈 수 있다. 단어를 타이핑하면 '뜻'과 '발음기호', '예문' 등을 볼 수 있다. 또한 '미국식'과 '영국식'으로 된 발음도 선택하여 들을 수 있다. 필자의 경험으로는 '컴퓨터/인터넷 영어사전' 모두를 합쳐, 가장 탁월한 기능을 가졌다고 생각한다.

※ '마스터 쏙쏙 영단어'는 주로 네이버 영어사전을 바탕으로 하여 제작되었다. 또한 한글 발음기호도 네이버 영어사전의 음성발음을 수없이 듣고, 가장 무난하다고 생각하는 발음으로 적었음을 밝힌다.

쉽게 이용할 수 있는 컴퓨터 영어사전

NAVER 영어사전
로그인 네이버 메일 카페 블로그 더보기 통합검색
사전홈 영어/영영사전 국어사전 한자사전 일본어사전 중국어사전 프랑스어사전 백과사전 용어사전 의약학사전 테마백과
영어/영영사전 frustrate 검색
단어장 작은창
전체 단어/숙어 본문 예문 유의어/반의어 영영사전만 보기
이전 영어사전(두산동아) 이전 영영사전
frus·trate
미국식 [ˈfrʌstreɪt] 영국식 [frʌˈstreɪt] 발음듣기 단축키
관련 이미지
파생형 명사형 frustration | frustrater
동사 과거 frustrated 과거분사 frustrated 현재분사 frustrating 3인칭 단수 현재 frustrates
유의어/반의어 [동사] thwart, stop, check, ... 더보기
단어장에 추가 인쇄
동사 영영사전
뜻+예문 합께보기 뜻만 보기
동사
1. 좌절감을 주다, 불만스럽게 만들다
What frustrates him is that there's too little money to spend on the project.
그가 불만스러운 것은 그 프로젝트에 쓸 돈이 너무 적다는 것이다.
2. 방해하다, 좌절시키다
The rescue attempt was frustrated by bad weather.
그 구조 시도는 악천후로 좌절되었다.
출처:Oxford Advanced Learner's English-Korean Dictionary
두산동아 사전에서 찾아보기
영영사전
[VERB] If something frustrates you, it upsets or angers you because you are unable to do anything about the problems it creates.
출처:Collins Cobuild Advanced Learner's English Dictionary
내가 찾은 단어 모두단어장추가 모두삭제
· frustrate
· wreck
· crewman
· puritan
· pilgrim
· troop
· troops of cavalry
· cavalry
· parliament
· lawyer
· reservation
· strait
· Plymouth
· plastic
· plastic bag
· frozen
· checkout
· produce
· beverage
· dairy
단어장에 자동저장 내단어장 가기
단어학습
· 분야별 단어 찾기
전체 철학 종교 역사 문학 언어

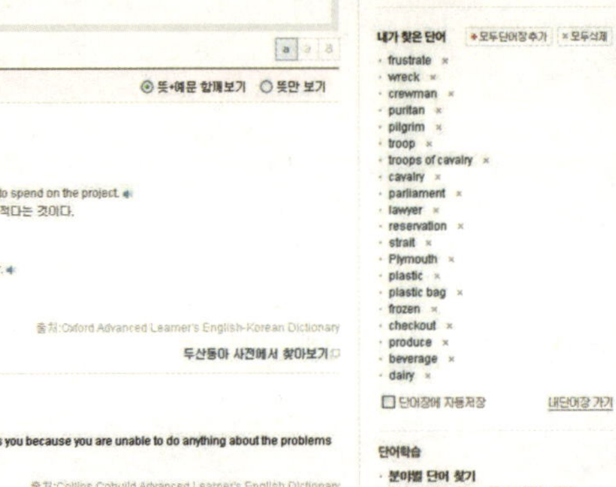

▲ 네이버 영어사전

② '다음(www.daun.net)' 사이트에 들어가, '영어사전'을 검색하면 '다음 영어사전'으로 들어갈 수 있다. 단어를 타이핑하면 '뜻'과 '발음기호', '예문' 등을 볼 수 있다. 또한 미국식과 영국식으로 된 발음도 선택하여 들을 수 있다.

▲ 다음 영어사전

③ '네이트(www.nate.com)' 사이트에 들어가, '영어사전'을 검색하면 '네이트 영어사전'으로 들어갈 수 있다. 단어를 타이핑하면 '뜻'과 '발음기호', '예문' 등을 볼 수 있다. 또한 미국식과 영국식으로 된 발음도 선택하여 들을 수 있다.

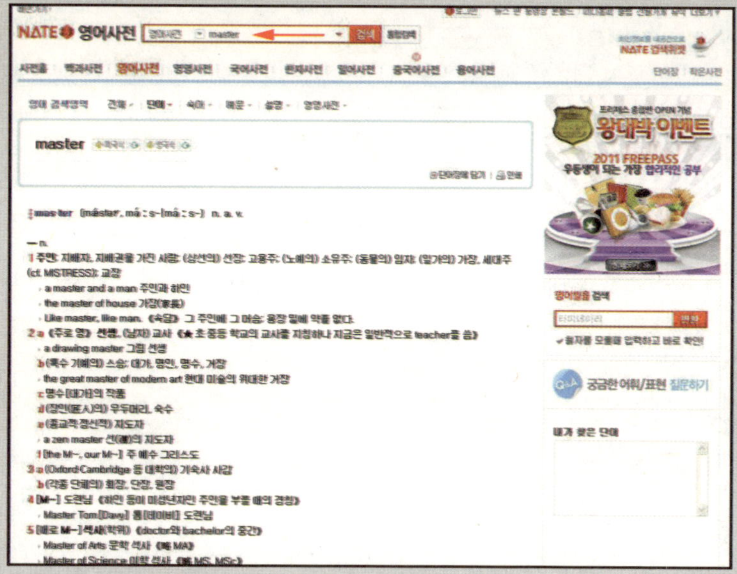

▲ 네이트 영어사전

④ '야후(www.yahoo.co.kr)' 사이트에 들어가, '영어사전'을
검색하면 '야후 영어사전'으로 들어갈 수 있다. 단어를 타
이핑하면 '뜻'과 '발음기호', '예문' 등을 볼 수 있다. 또한
미국식과 영국식으로 된 발음도 선택하여 들을 수 있다.

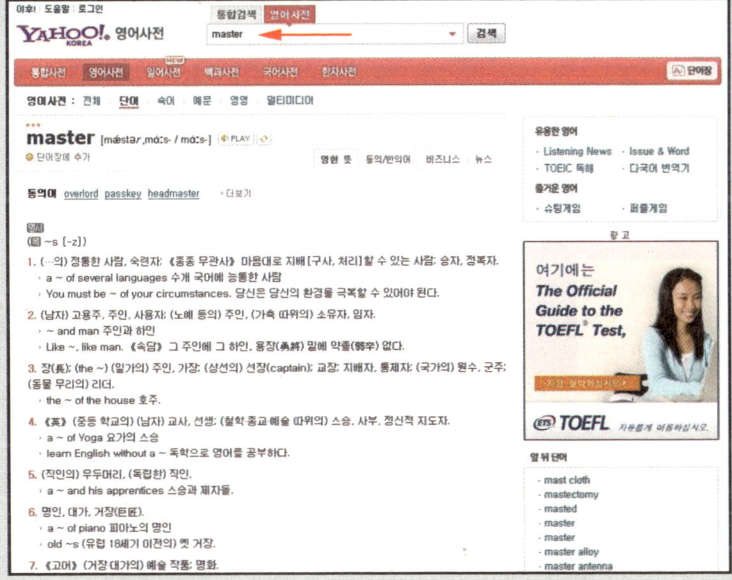

▲ 야후 영어사전

⑤ '구글(www.google.co.kr)' 사이트에 들어가, 상단부의 '번역'을 클릭한다. 구글 번역 사이트로 이동하면, 단어를 타이핑하면 여러 가지 '뜻'을 볼 수 있으나 예문 등 다른 내용은 볼 수 없다. 발음도 선택하여 들을 수 있으나, 발음 기호는 볼 수 없다.

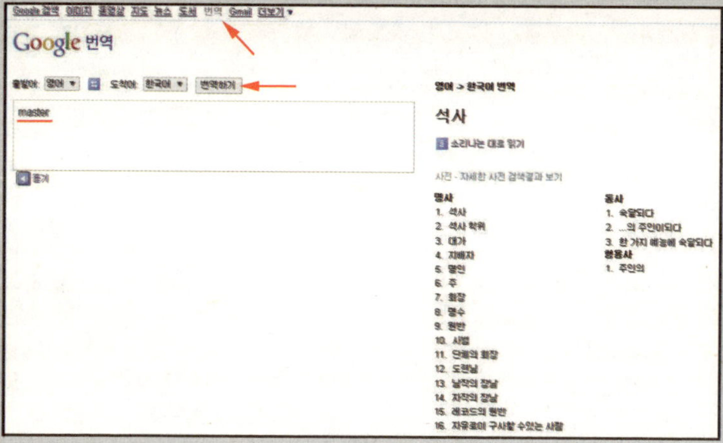

▲ 구글 번역

구글 사이트에서 단연 돋보이는 것은 바로 '문장 번역'이다. 한글 문장을 타이핑한 다음, 출발어를 한국어로(도착어를 영어로) 변경한 다음, '번역하기' 버튼을 클릭하면 오른쪽에 영어 문장이 나타나는 것을 볼 수 있다.

⑥ 흔글 프로그램에 들어있는 '한컴사전'을 설치한 다음, 실행
   하면 영한사전이나 한영사전 등을 사용할 수 있다. 단어
   를 타이핑하면 '뜻'과 '발음기호', '예문' 등을 볼 수 있다.
   그러나 음성발음을 들을 수 없는 것이 가장 큰 단점(短
   點)이다. 그러나 속도면에서는 인터넷 영어사전보다 훨씬
   빠르다.

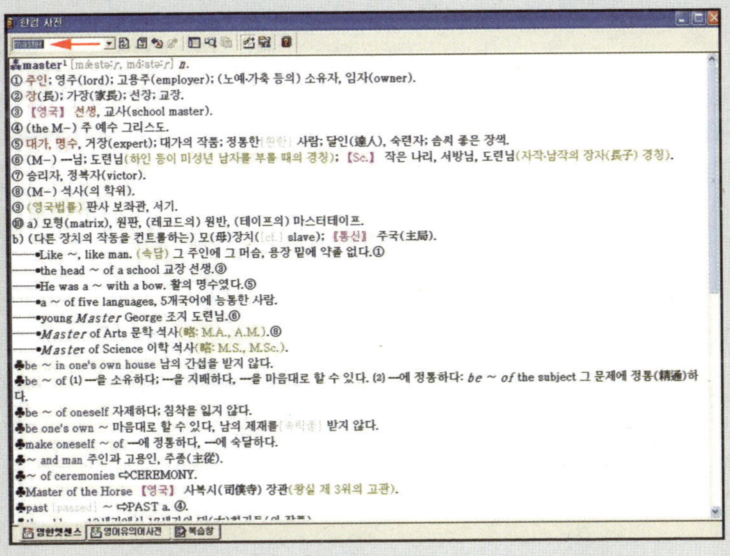

▲ 한컴 사전

YOU CAN
DO IT

부록

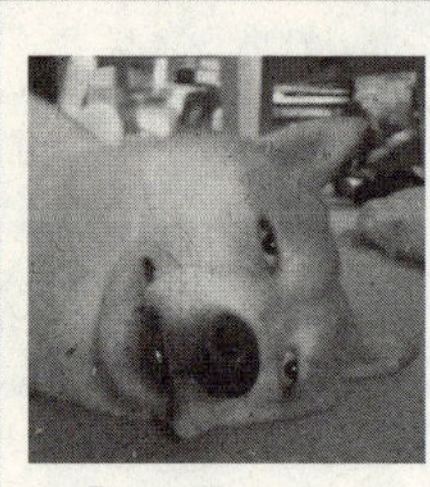

철자

발음

의미

Page **10**

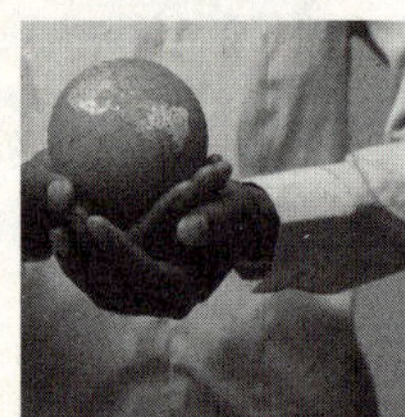

철자

발음

의미

Page **10**

철자

발음

의미

Page **11**

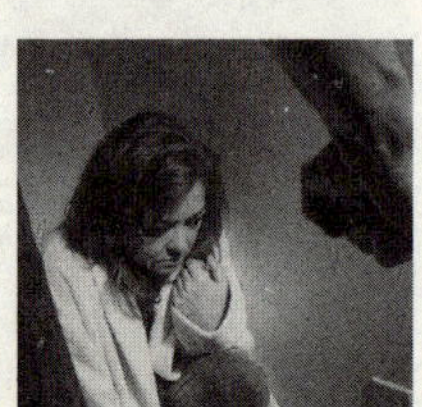

철자

발음

의미

Page **11**

철자

발음

의미

Page **12**

철자

발음

의미

Page **12**

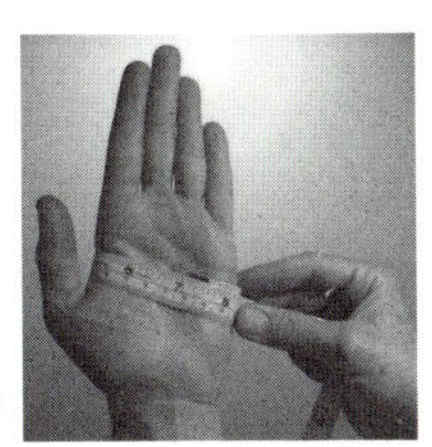

철자

발음

의미

Page **13**

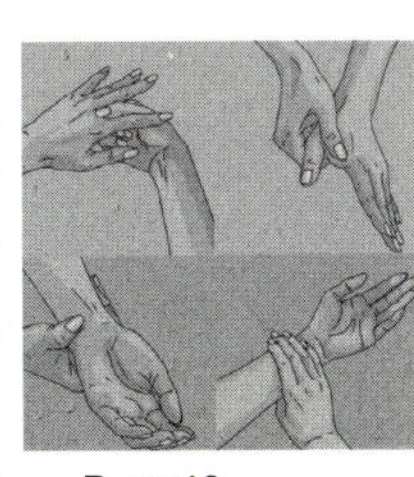

철자

발음

의미

Page **13**

철자

발음

의미

Page **14**

철자

발음

의미

Page **14**

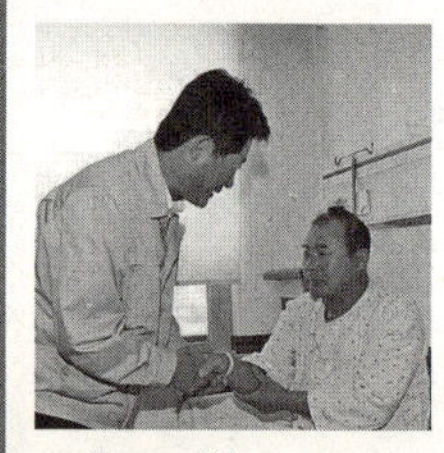
철자

발음

의미

Page **15**

철자

발음

의미

Page **15**

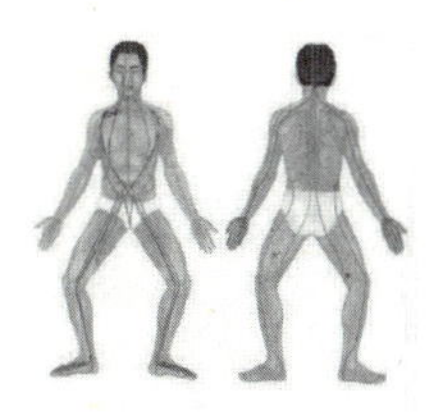

철자

발음

의미

Page **16**

철자

발음

의미

Page **16**

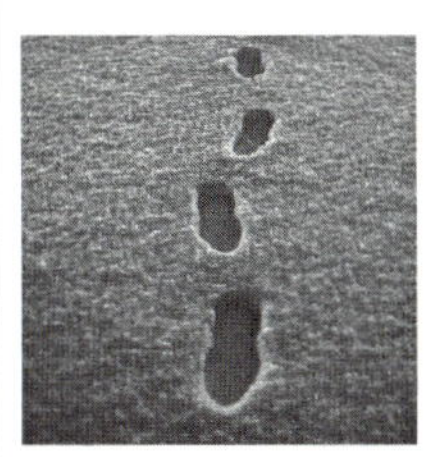

철자

발음

의미

Page **17**

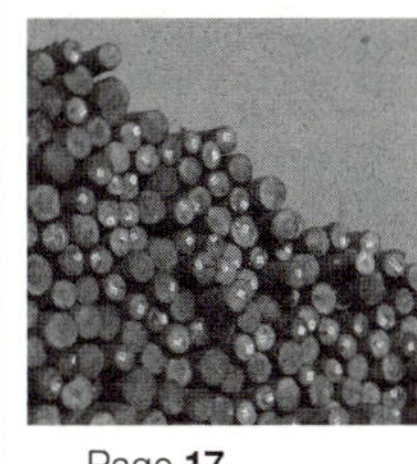

철자

발음

의미

Page **17**

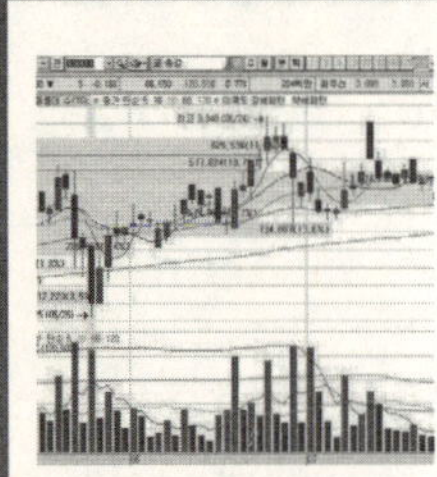

철자

발음

의미

Page **18**

철자

발음

의미

Page **19**

철자

발음

의미

Page **18**

철자

발음

의미

Page **19**

철자

발음

의미

Page **20**

철자

발음

의미

Page **20**

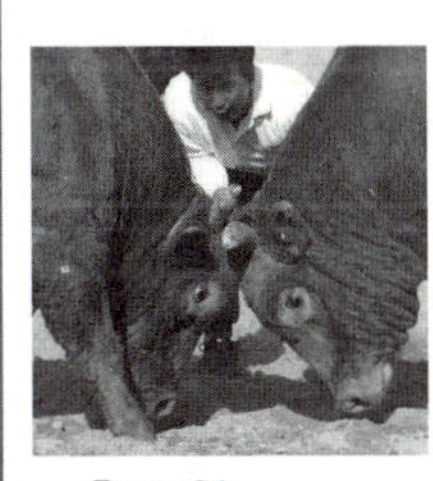

철자

발음

의미

Page **21**

철자

발음

의미

Page **21**

Page 22

철자

발음

의미

Page 22

철자

발음

의미

Page 23

철자

발음

의미

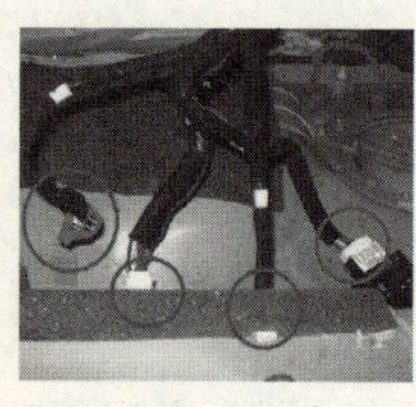
Page 23

철자

발음

의미

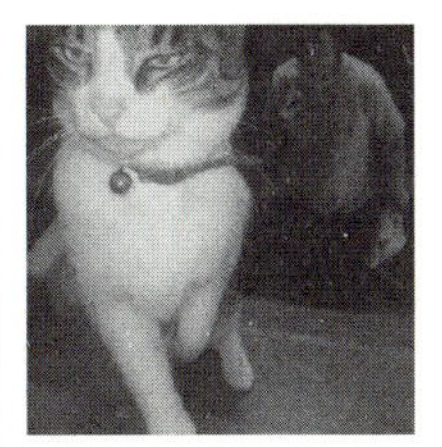

철자

발음

의미

Page **24**

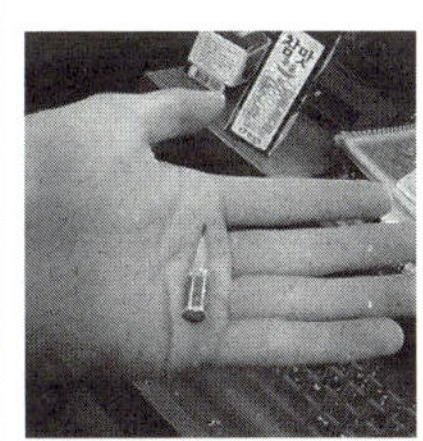

철자

발음

의미

Page **24**

철자

발음

의미

Page **25**

철자

발음

의미

Page **25**

철자

발음

의미

Page 26

철자

발음

의미

Page 26

철자

발음

의미

Page 27

철자

발음

의미

Page 27

철자

발음

의미

Page 28

철자

발음

의미

Page 28

철자

발음

의미

Page 29

철자

발음

의미

Page 29

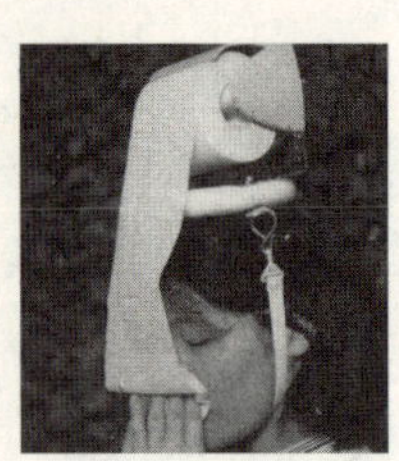

철자
____

발음
____

의미
____

Page **30**

철자
____

발음
____

의미
____

Page **30**

철자
____

발음
____

의미
____

Page **31**

철자
____

발음
____

의미
____

Page **31**

철자

발음

의미

Page **32**

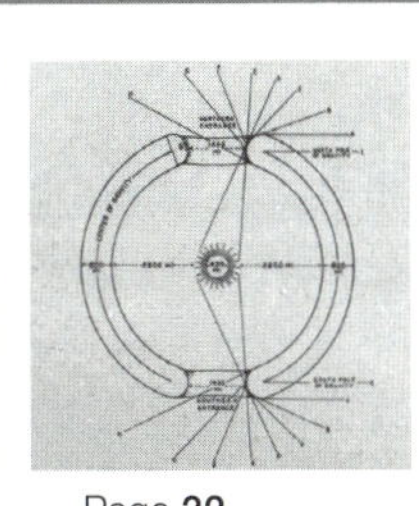

철자

발음

의미

Page **32**

철자

발음

의미

Page **33**

철자

발음

의미

Page **33**

철자

발음

의미

Page **34**

철자

발음

의미

Page **34**

철자

발음

의미

Page **35**

철자

발음

의미

Page **35**

철자

발음

의미

Page **36**

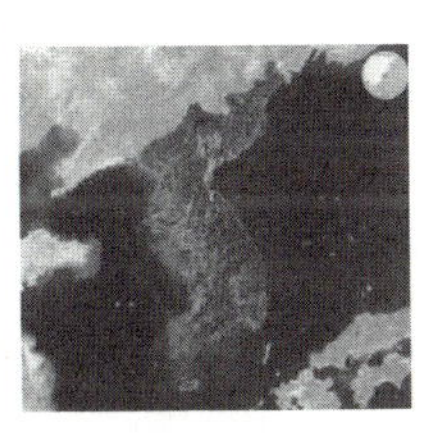

철자

발음

의미

Page **36**

철자

발음

의미

Page **37**

철자

발음

의미

Page **37**

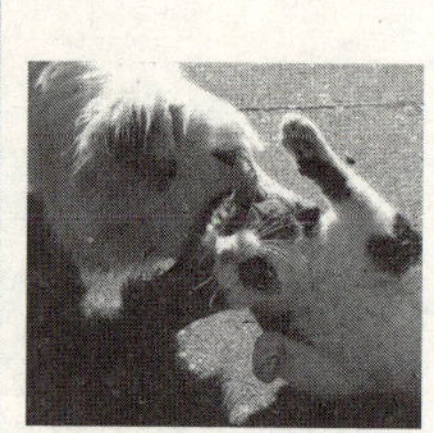

철자

발음

의미

Page 38

철자

발음

의미

Page 38

철자

발음

의미

Page 44

철자

발음

의미

Page 44

철자

발음

의미

Page **45**

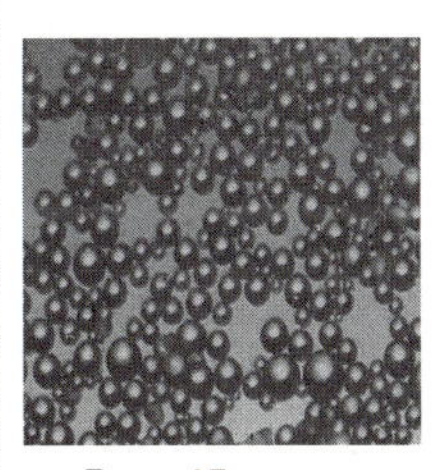

철자

발음

의미

Page **45**

철자

발음

의미

Page **46**

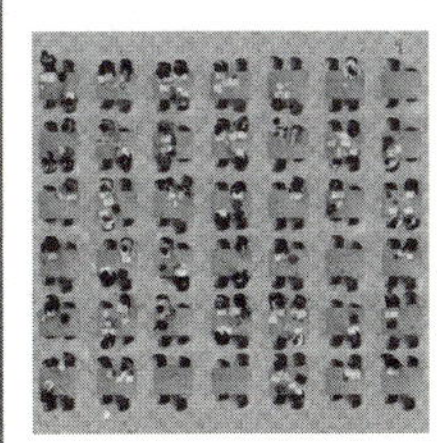

철자

발음

의미

Page **46**

철자

발음

의미

Page **47**

철자

발음

의미

Page **47**

철자

발음

의미

Page **48**

철자

발음

의미

Page **48**

철자

발음

의미

Page **49**

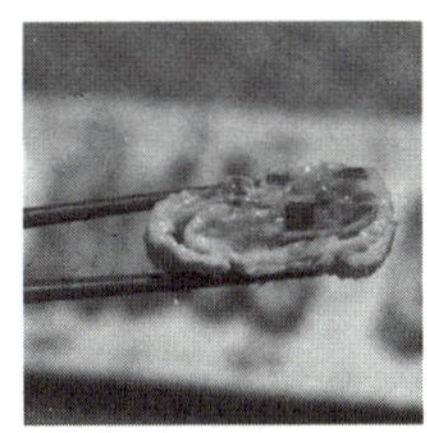

철자

발음

의미

Page **49**

철자

발음

의미

Page **50**

철자

발음

의미

Page **50**

철자

발음

의미

Page **51**

철자

발음

의미

Page **51**

철자

발음

의미

Page **52**

철자

발음

의미

Page **52**

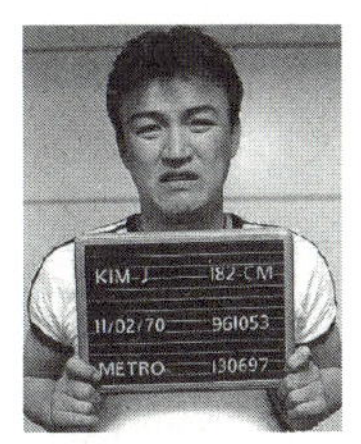

철자

발음

의미

Page **53**

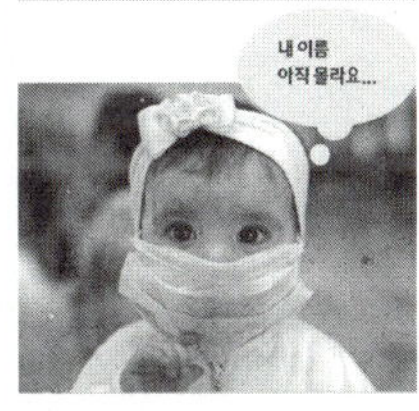

철자

발음

의미

Page **53**

철자

발음

의미

Page **54**

철자

발음

의미

Page **54**

철자

발음

의미

Page **55**

철자

발음

의미

Page **55**

철자

발음

의미

Page **56**

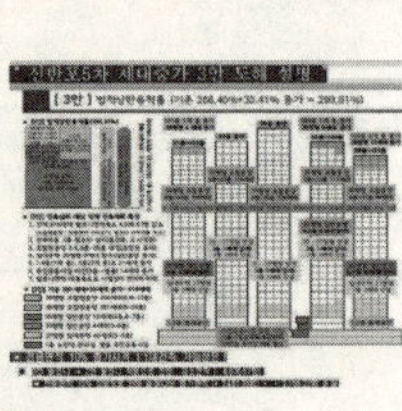

철자

발음

의미

Page **56**

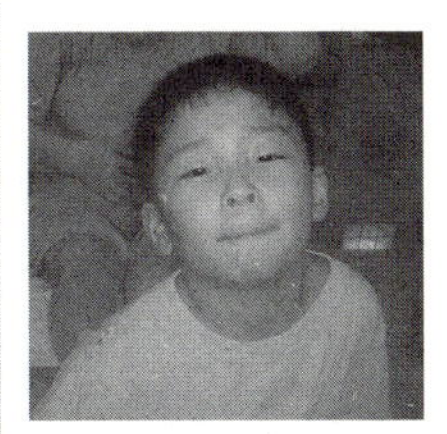

철자

발음

의미

Page **57**

철자

발음

의미

Page **57**

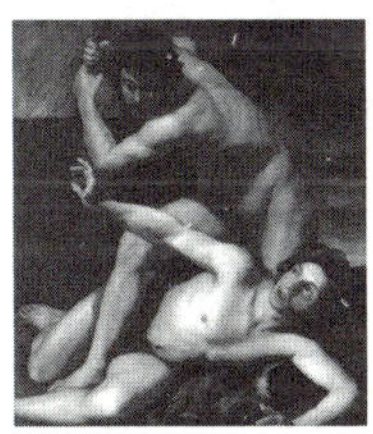

철자

발음

의미

Page **58**

철자

발음

의미

Page **58**

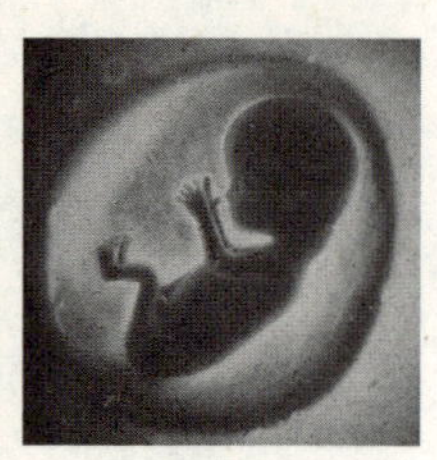

철자

발음

의미

Page **59**

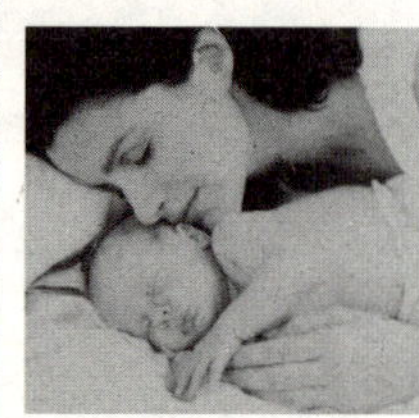

철자

발음

의미

Page **59**

철자

발음

의미

Page **60**

철자

발음

의미

Page **60**

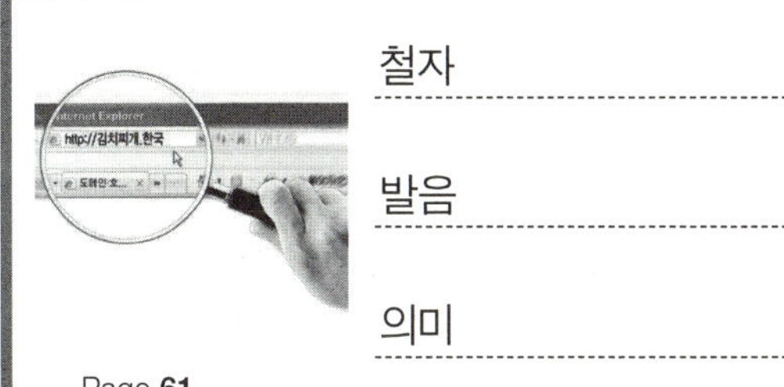

철자

발음

의미

Page **61**

철자

발음

의미

Page **61**

철자

발음

의미

Page **62**

철자

발음

의미

Page **62**

철자

발음

의미

Page **63**

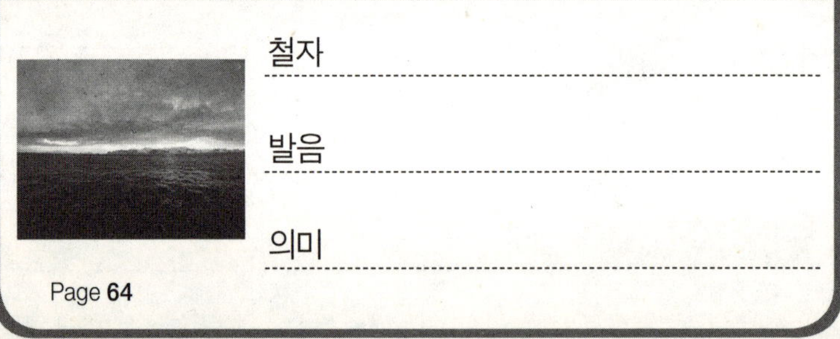

철자

발음

의미

Page **63**

철자

발음

의미

Page **64**

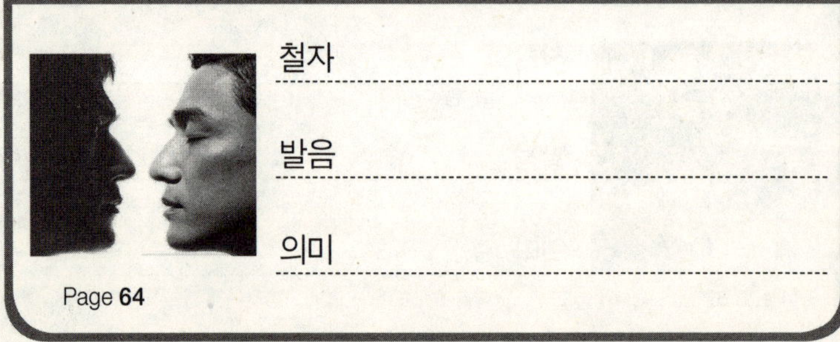

철자

발음

의미

Page **64**

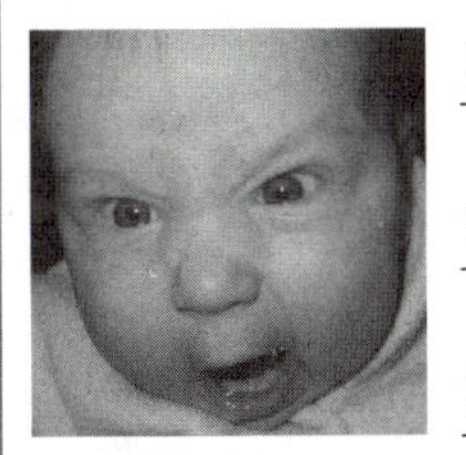
철자

발음

의미

Page **65**

철자

발음

의미

Page **65**

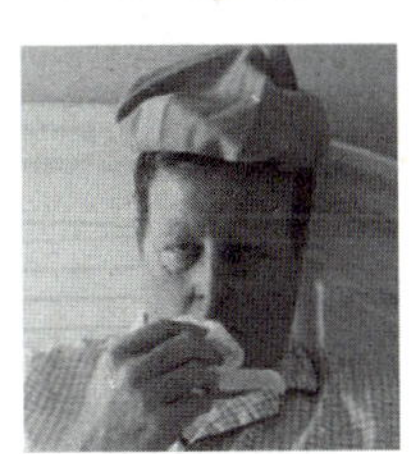
철자

발음

의미

Page **66**

철자

발음

의미

Page **66**

철자

발음

의미

Page 67

철자

발음

의미

Page 67

철자

발음

의미

Page 68

철자

발음

의미

Page 68

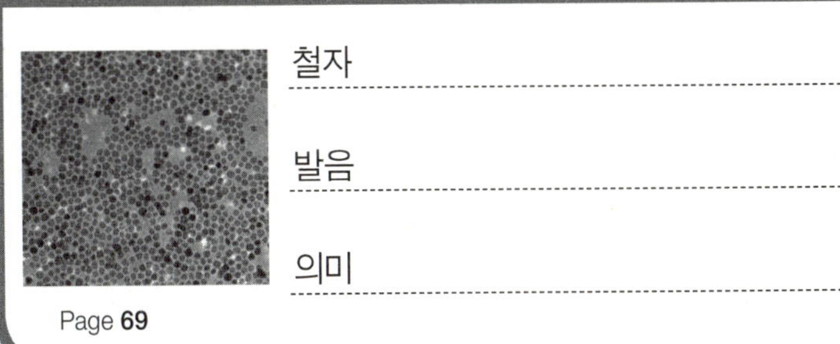

철자

발음

의미

Page **69**

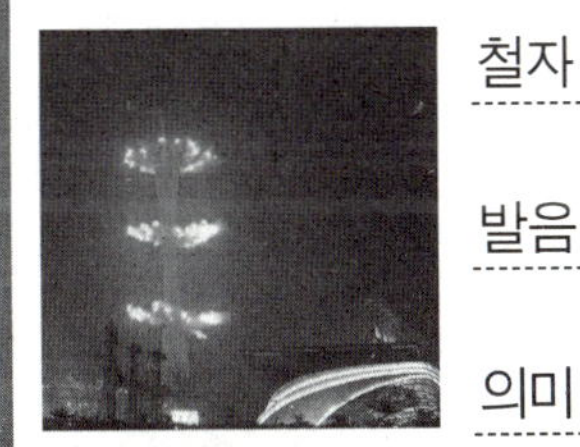

철자

발음

의미

Page **69**

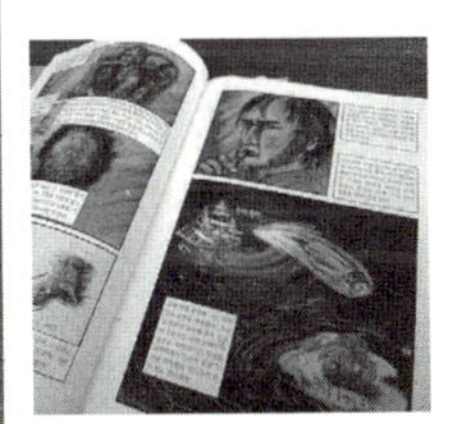

철자

발음

의미

Page **70**

철자

발음

의미

Page **70**

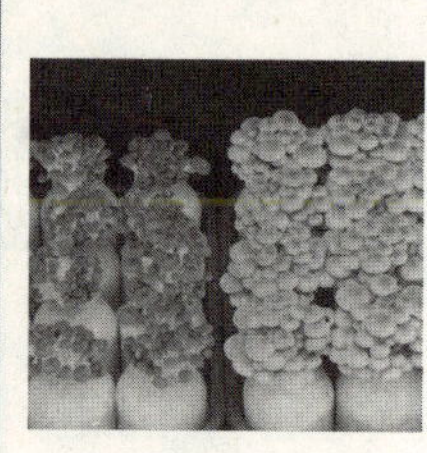

철자

발음

의미

Page **71**

철자

발음

의미

Page **71**

철자

발음

의미

Page **72**

철자

발음

의미

Page **72**

철자

발음

의미

Page **78**

철자

발음

의미

Page **78**

철자

발음

의미

Page **79**

철자

발음

의미

Page **79**

Page **80**

철자

발음

의미

Page **80**

철자

발음

의미

Page **81**

철자

발음

의미

Page **81**

철자

발음

의미

철자

발음

의미

Page **82**

철자

발음

의미

Page **82**

철자

발음

의미

Page **83**

철자

발음

의미

Page **83**

Page **84**

철자

발음

의미

Page **84**

철자

발음

의미

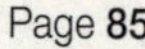
Page **85**

철자

발음

의미

Page **85**

철자

발음

의미

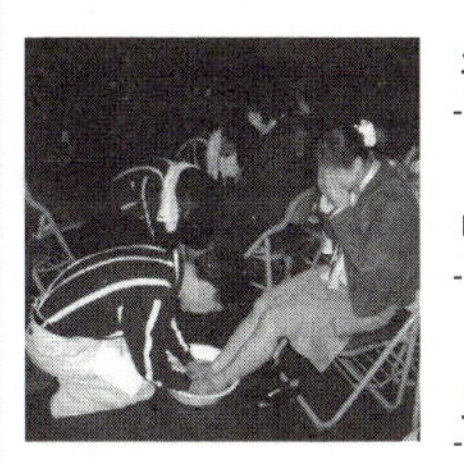

철자

발음

의미

Page **86**

철자

발음

의미

Page **86**

철자

발음

의미

Page **87**

철자

발음

의미

Page **87**

철자

발음

의미

Page **88**

철자

발음

의미

Page **88**

철자

발음

의미

Page **89**

철자

발음

의미

Page **89**

철자

발음

의미

Page **90**

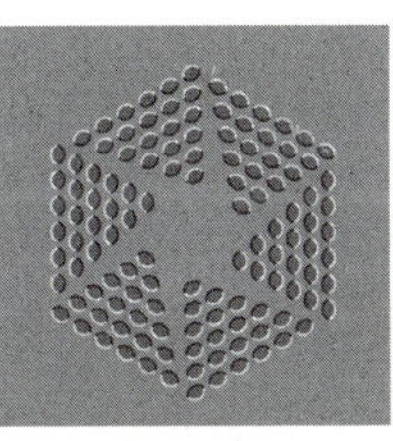

철자

발음

의미

Page **90**

철자

발음

의미

Page **91**

철자

발음

의미

Page **91**

철자

발음

의미

Page 92

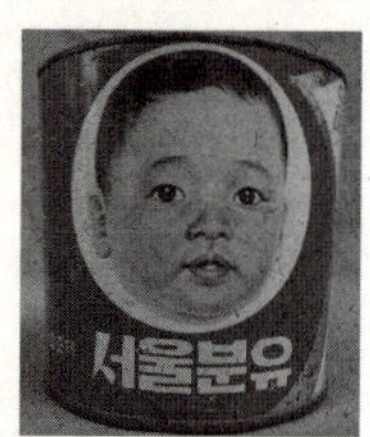

철자

발음

의미

Page 92

철자

발음

의미

Page 93

철자

발음

의미

Page 93

철자

발음

의미

Page **94**

철자

발음

의미

Page **94**

철자

발음

의미

Page **95**

철자

발음

의미

Page **95**

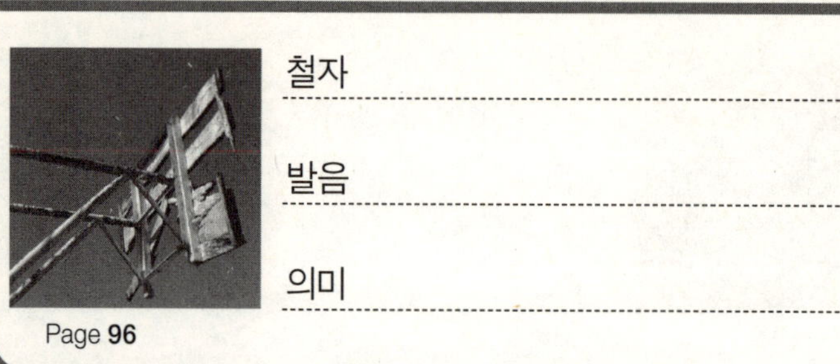

철자

발음

의미

Page **96**

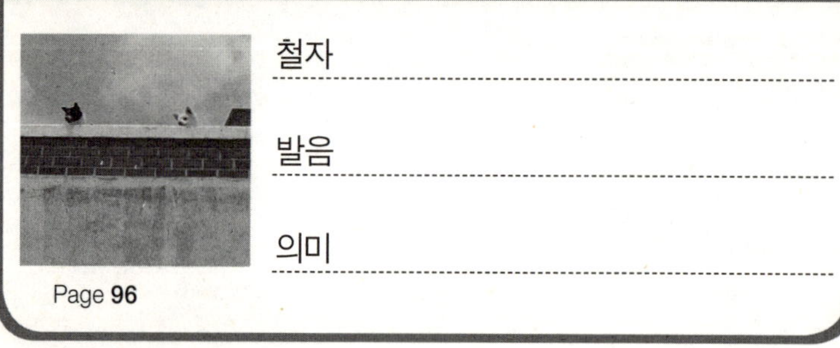

철자

발음

의미

Page **96**

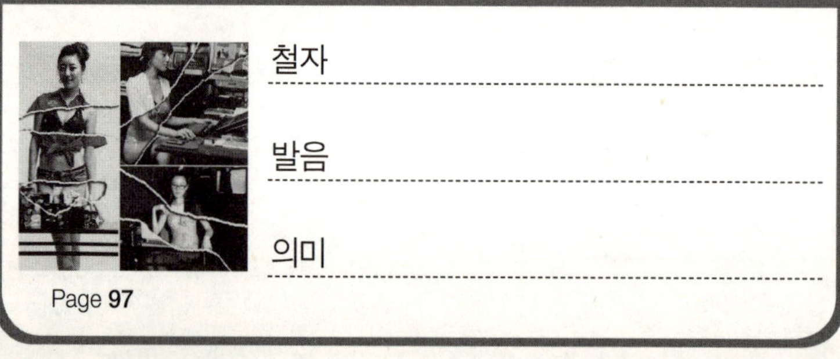

철자

발음

의미

Page **97**

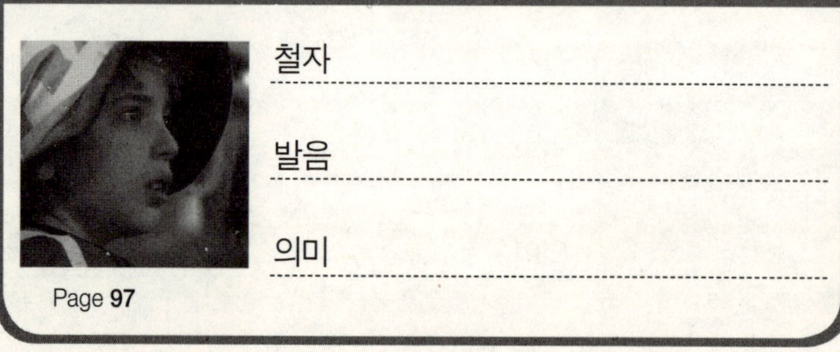

철자

발음

의미

Page **97**

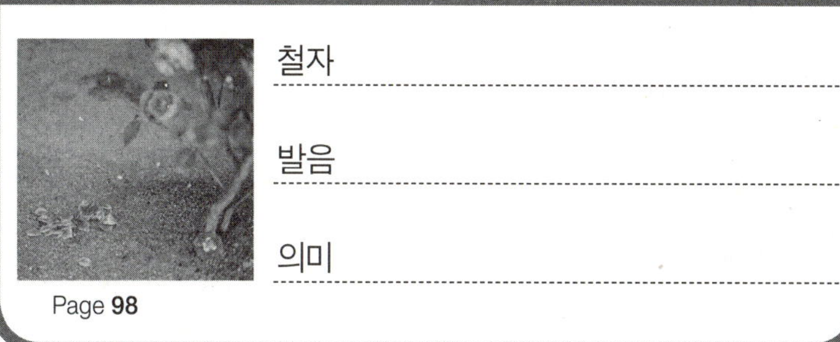

철자

발음

의미

Page **98**

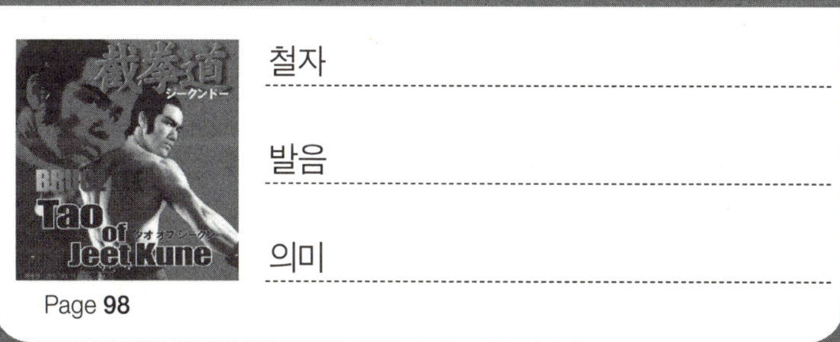

철자

발음

의미

Page **98**

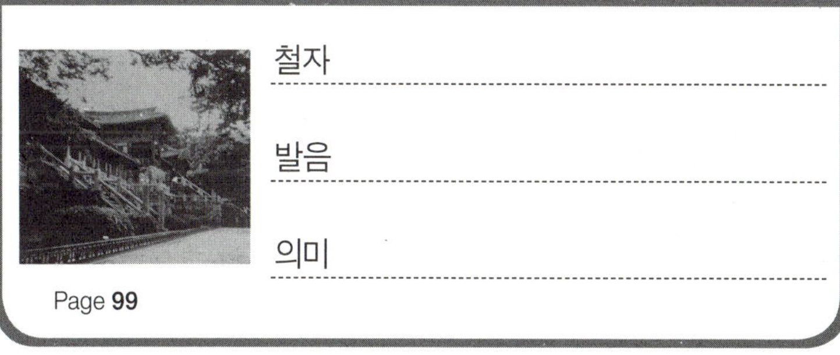

철자

발음

의미

Page **99**

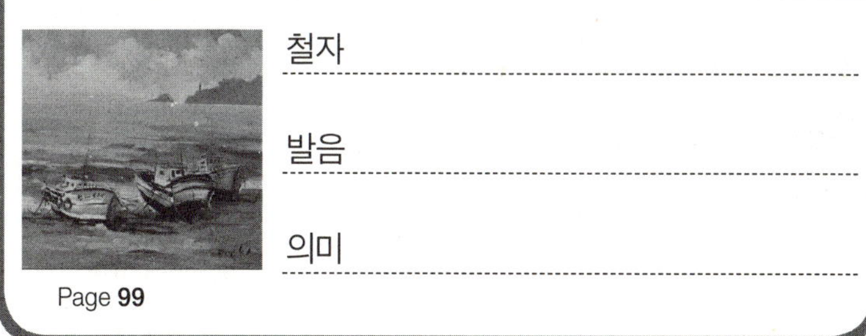

철자

발음

의미

Page **99**

철자

발음

의미

Page **100**

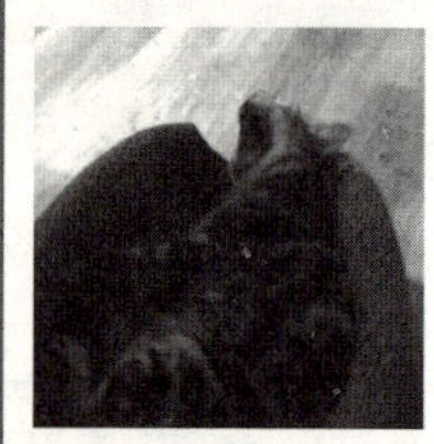

철자

발음

의미

Page **100**

철자

발음

의미

Page **101**

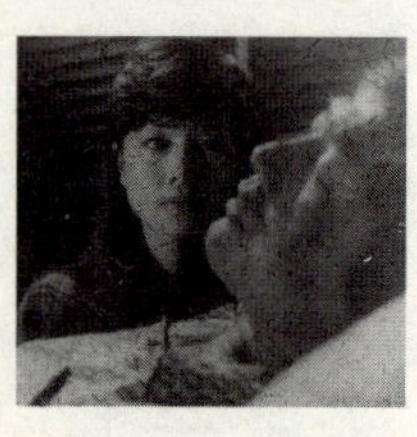

철자

발음

의미

Page **101**

철자

발음

의미

Page **102**

철자

발음

의미

Page **102**

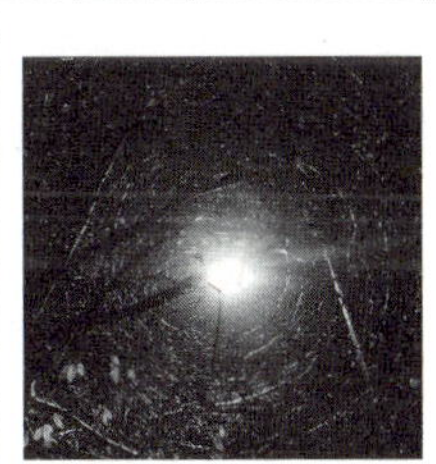

철자

발음

의미

Page **103**

철자

발음

의미

Page **103**

철자
발음
의미

Page **104**

철자
발음
의미

Page **104**

철자
발음
의미

Page **105**

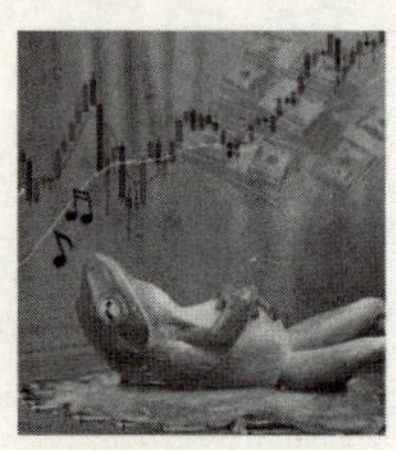

철자
발음
의미

Page **105**

철자

발음

의미

Page **106**

철자

발음

의미

Page **106**

철자

발음

의미

Page **112**

철자

발음

의미

Page **112**

철자

발음

의미

Page **113**

철자

발음

의미

Page **113**

철자

발음

의미

Page **114**

철자

발음

의미

Page **114**

철자

발음

의미

Page **115**

철자

발음

의미

Page **115**

철자

발음

의미

Page **116**

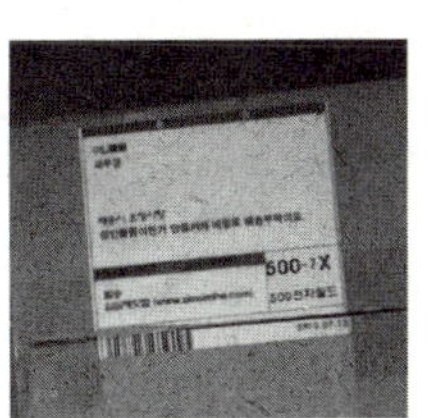

철자

발음

의미

Page **116**

철자

발음

의미

Page **117**

철자

발음

의미

Page **117**

철자

발음

의미

Page **118**

철자

발음

의미

Page **118**

철자

발음

의미

Page **119**

철자

발음

의미

Page **119**

철자

발음

의미

Page **120**

철자

발음

의미

Page **120**

철자

발음

의미

Page **121**

철자

발음

의미

Page **121**

철자

발음

의미

Page **122**

철자

발음

의미

Page **122**

철자

발음

의미

Page **123**

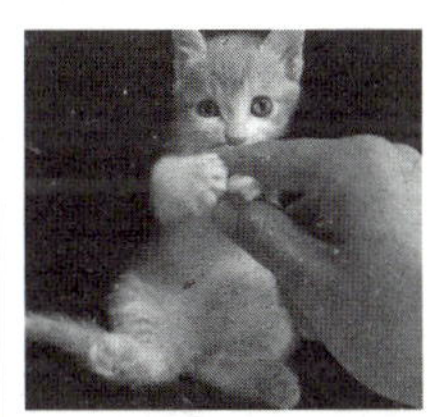

철자

발음

의미

Page **123**

철자

발음

의미

Page **124**

철자

발음

의미

Page **124**

철자

발음

의미

Page **125**

철자

발음

의미

Page **125**

철자

발음

의미

Page **126**

철자

발음

의미

Page **126**

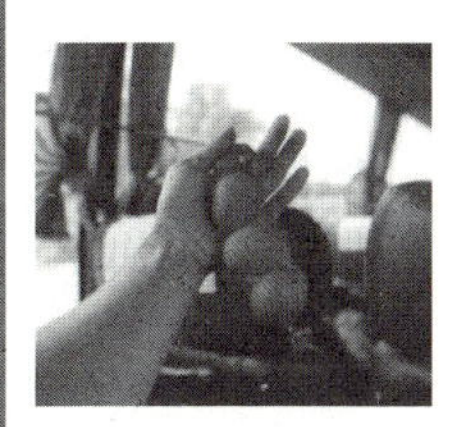

철자

발음

의미

Page **127**

철자

발음

의미

Page **127**

철자

발음

의미

Page **128**

철자

발음

의미

Page **128**

철자

발음

의미

Page **129**

철자

발음

의미

Page **129**

철자

발음

의미

Page **130**

철자

발음

의미

Page **130**

철자

발음

의미

Page **131**

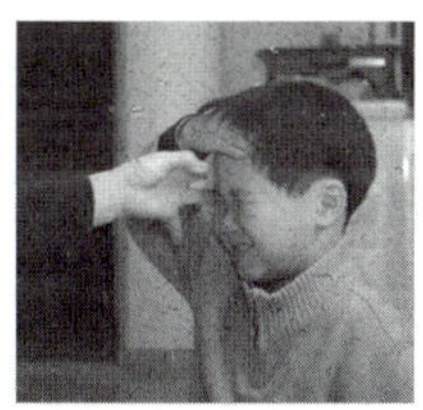

철자

발음

의미

Page **131**

철자

발음

의미

Page **132**

철자

발음

의미

Page **132**

철자

발음

의미

Page **133**

철자

발음

의미

Page **133**

철자

발음

의미

Page **134**

철자

발음

의미

Page **134**

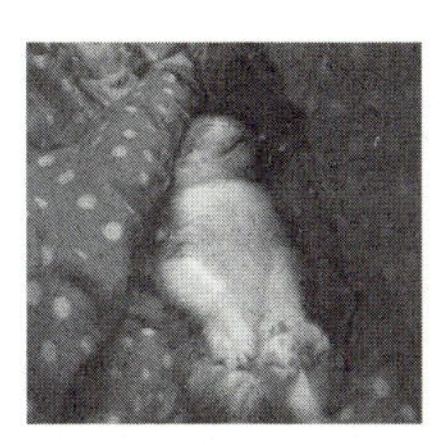

철자

발음

의미

Page **135**

철자

발음

의미

Page **135**

철자

발음

의미

Page **136**

철자

발음

의미

Page **136**

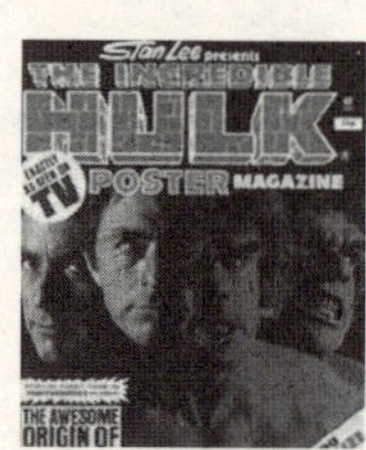

Page **137**

철자

발음

의미

Page **137**

철자

발음

의미

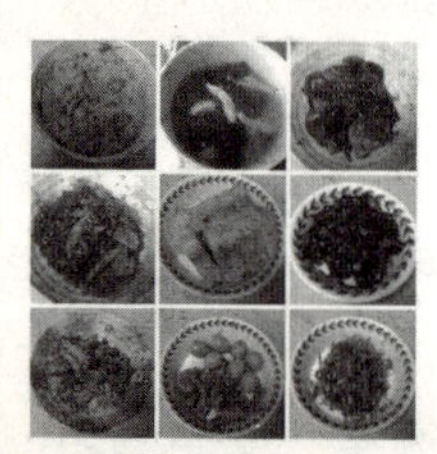

Page **138**

철자

발음

의미

Page **138**

철자

발음

의미

철자

발음

의미

Page **139**

철자

발음

의미

Page **139**

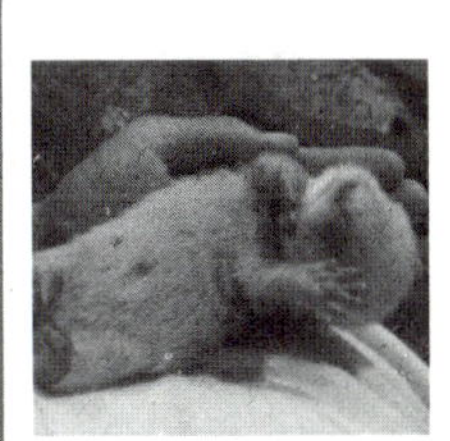
철자

발음

의미

Page **140**

철자

발음

의미

Page **140**

철자

발음

의미

Page **141**

철자

발음

의미

Page **141**

철자

발음

의미

Page **142**

철자

발음

의미

Page **142**

철자

발음

의미

Page **144**

철자

발음

의미

Page **144**

철자

발음

의미

Page **145**

철자

발음

의미

Page **145**

철자

발음

의미

Page **150**

철자

발음

의미

Page **150**

철자

발음

의미

Page **151**

철자

발음

의미

Page **151**

철자

발음

의미

Page **152**

철자

발음

의미

Page **152**

철자

발음

의미

Page **153**

철자

발음

의미

Page **153**

335

철자

발음

의미

Page **154**

철자

발음

의미

Page **154**

철자

발음

의미

Page **155**

철자

발음

의미

Page **155**

철자

발음

의미

Page 156

철자

발음

의미

Page 156

철자

발음

의미

Page 157

철자

발음

의미

Page 157

철자

발음

의미

Page **158**

철자

발음

의미

Page **158**

철자

발음

의미

Page **159**

철자

발음

의미

Page **159**

철자

발음

의미

Page **160**

철자

발음

의미

Page **160**

철자

발음

의미

Page **161**

철자

발음

의미

Page **161**

철자

발음

의미

Page 162

철자

발음

의미

Page 162

철자

발음

의미

Page 163

철자

발음

의미

Page 163

철자

발음

의미

Page **164**

철자

발음

의미

Page **164**

철자

발음

의미

Page **165**

철자

발음

의미

Page **165**

철자

발음

의미

Page **166**

철자

발음

의미

Page **166**

철자

발음

의미

Page **167**

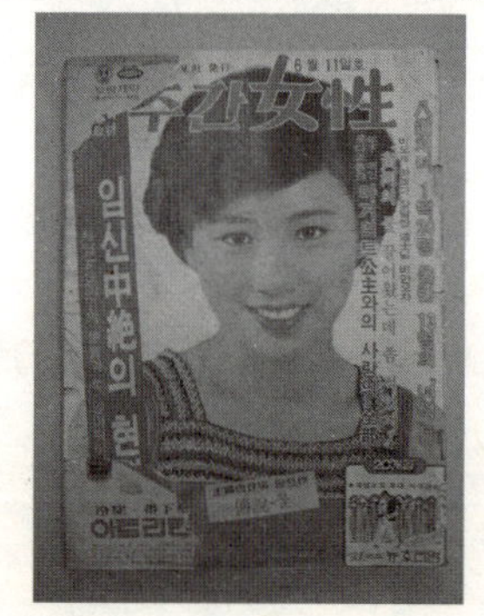

철자

발음

의미

Page **167**

철자
____

발음
____

의미
____

Page **168**

철자
____

발음
____

의미
____

Page **168**

철자
____

발음
____

의미
____

Page **169**

철자
____

발음
____

의미
____

Page **169**

철자

발음

의미

Page **170**

철자

발음

의미

Page **170**

철자

발음

의미

Page **171**

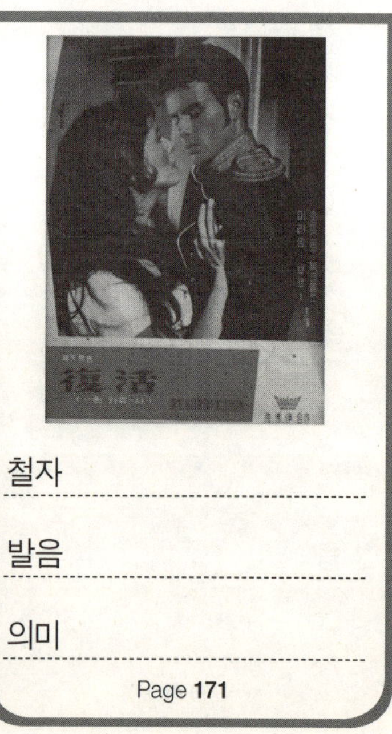

철자

발음

의미

Page **171**

철자

발음

의미

Page **172**

철자

발음

의미

Page **172**

철자

발음

의미

Page **173**

철자

발음

의미

Page **173**

철자
____

발음
____

의미
____

Page **174**

철자
____

발음
____

의미
____

Page **174**

철자
____

발음
____

의미
____

Page **175**

철자
____

발음
____

의미
____

Page **175**

철자

발음

의미

Page 176

철자

발음

의미

Page 176

철자

발음

의미

Page 177

철자

발음

의미

Page 177

347

철자

발음

의미

Page **178**

철자

발음

의미

Page **178**

철자

발음

의미

Page **222**

철자

발음

의미

Page **222**

철자

발음

의미

Page **223**

철자

발음

의미

Page **223**

철자

발음

의미

Page **224**

철자

발음

의미

Page **224**

철자

발음

의미

Page **225**

철자

발음

의미

Page **225**

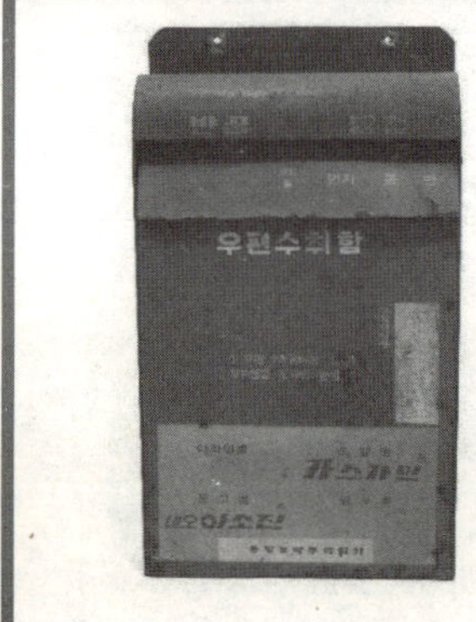

철자

발음

의미

Page **226**

철자

발음

의미

Page **226**

철자

발음

의미

Page **227**

철자

발음

의미

Page **227**

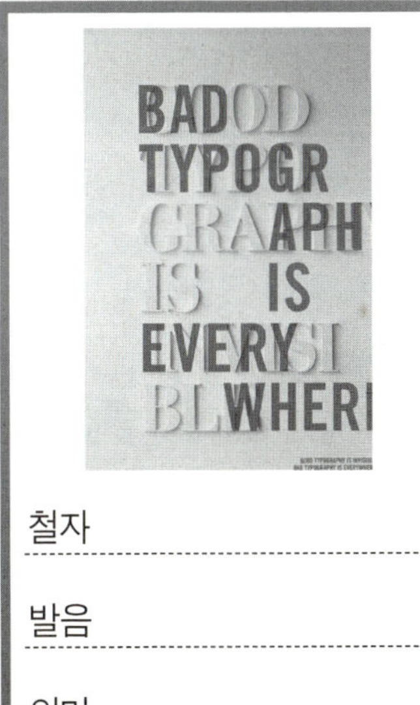

철자

발음

의미

Page **228**

철자

발음

의미

Page **228**

철자

발음

의미

Page **229**

철자

발음

의미

Page **229**

철자

발음

의미

Page **230**

철자

발음

의미

Page **230**

철자

발음

의미

Page 231

철자

발음

의미

Page 231

철자

발음

의미

Page 232

철자

발음

의미

Page 232

철자

발음

의미

Page **233**

철자

발음

의미

Page **233**

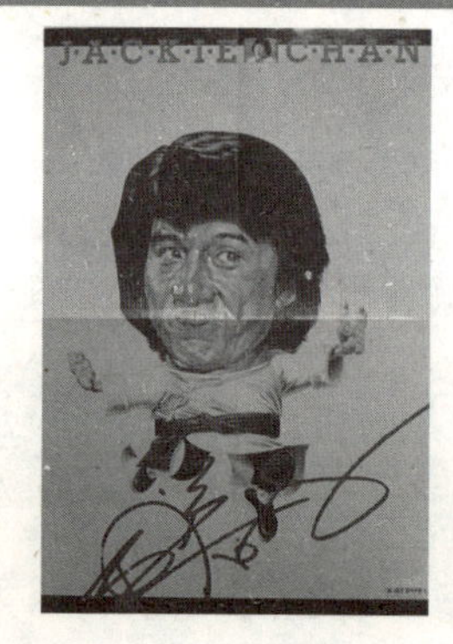

철자

발음

의미

Page **234**

철자

발음

의미

Page **234**

철자

발음

의미

Page **235**

철자

발음

의미

Page **235**

철자

발음

의미

Page **236**

철자

발음

의미

Page **236**

철자
____

발음
____

의미
____

Page **237**

철자
____

발음
____

의미
____

Page **237**

철자
____

발음
____

의미
____

Page **238**

철자
____

발음
____

의미
____

Page **238**

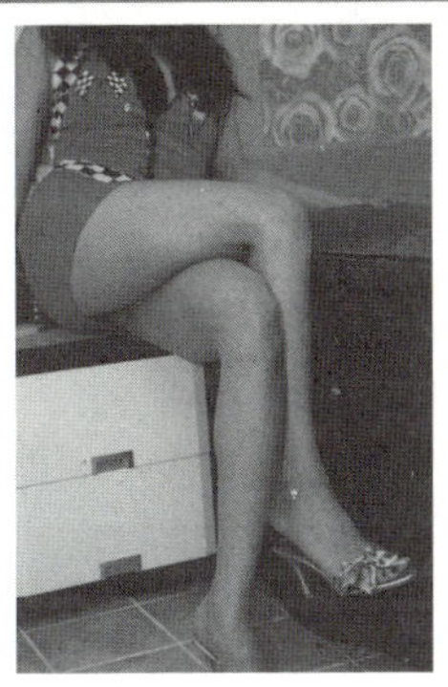

철자

발음

의미

Page **239**

철자

발음

의미

Page **239**

철자

발음

의미

Page **240**

철자

발음

의미

Page **240**

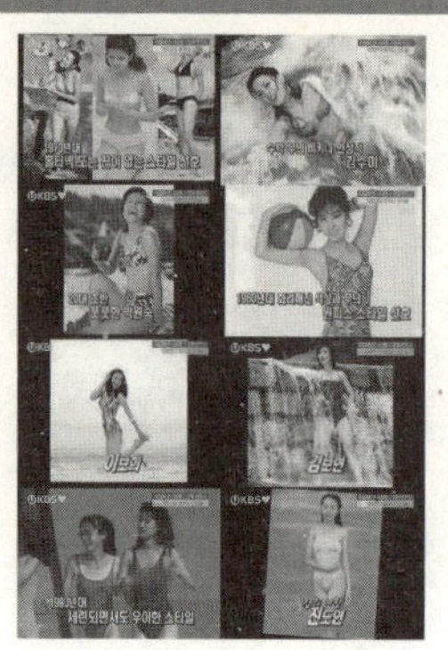

철자

발음

의미

Page 241

철자

발음

의미

Page 241

철자

발음

의미

Page 242

철자

발음

의미

Page 242

철자

발음

의미

Page **243**

철자

발음

의미

Page **243**

철자

발음

의미

Page **244**

철자

발음

의미

Page **244**

철자

발음

의미

Page **245**

철자

발음

의미

Page **245**

철자

발음

의미

Page **246**

철자

발음

의미

Page **246**

철자

발음

의미

Page 247

철자

발음

의미

Page 247

철자

발음

의미

Page 248

철자

발음

의미

Page 248

철자

발음

의미

Page **249**

철자

발음

의미

Page **249**

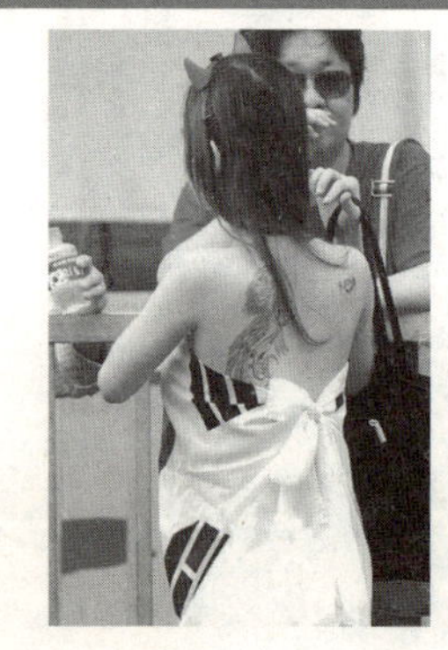

철자

발음

의미

Page **250**

철자

발음

의미

Page **250**

Page **184**

철자

발음

의미

Page **184**

철자

발음

의미

Page **185**

철자

발음

의미

Page **185**

철자

발음

의미

Page **186**

철자
발음
의미

Page **186**

철자
발음
의미

Page **187**

철자
발음
의미

Page **187**

철자
발음
의미

철자

발음

의미

Page 188

철자

발음

의미

Page 188

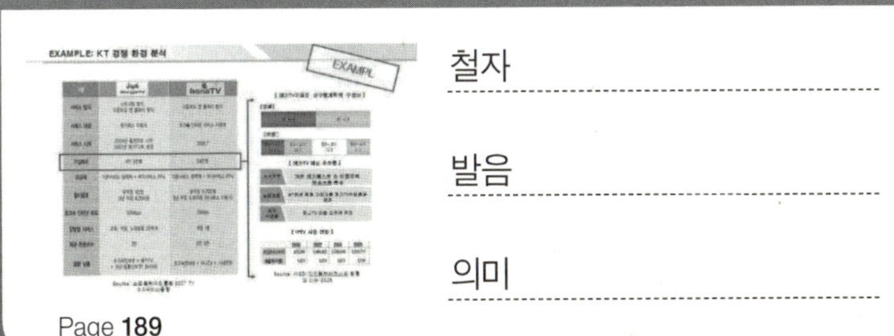

철자

발음

의미

Page 189

Page **190**

철자
발음
의미

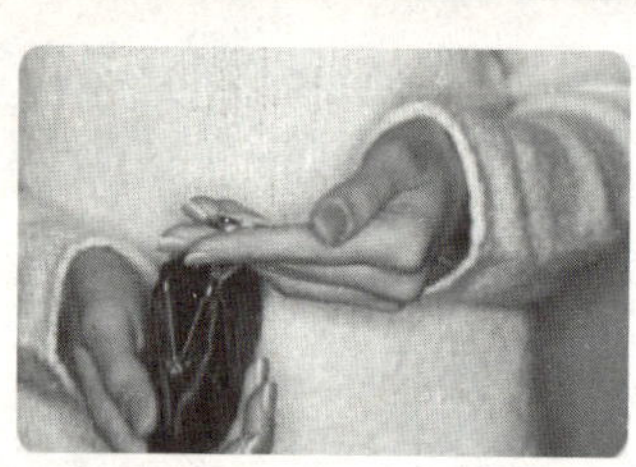
Page **190**

철자
발음
의미

Page **191**

철자
발음
의미

Page **191**

철자
발음
의미

철자

발음

의미

Page **192**

철자

발음

의미

Page **192**

철자

발음

의미

Page **193**

철자

발음

의미

Page **193**

철자

발음

의미

Page 194

철자

발음

의미

Page 194

철자

발음

의미

Page 195

철자

발음

의미

Page 195

철자

발음

의미

Page **196**

철자

발음

의미

Page **196**

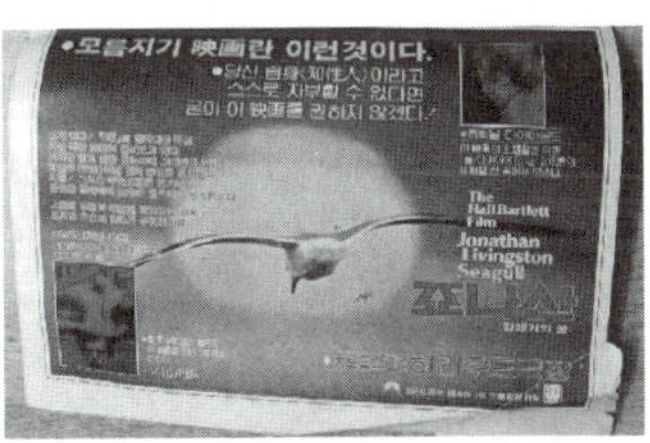

철자

발음

의미

Page **197**

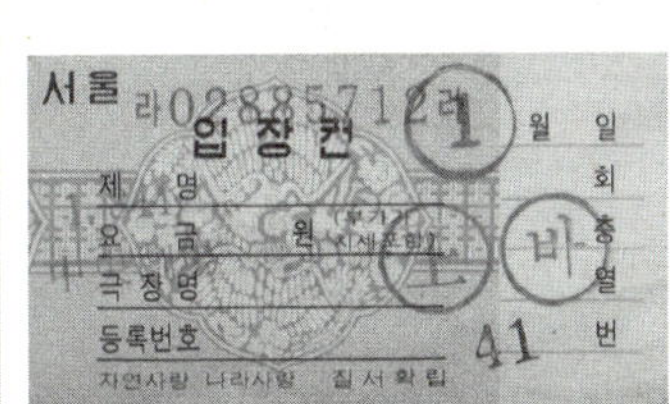

철자

발음

의미

Page **197**

Page **198**

철자

발음

의미

Page **198**

철자

발음

의미

Page **199**

철자

발음

의미

Page **199**

철자

발음

의미

철자

발음

의미

Page **200**

철자

발음

의미

Page **200**

철자

발음

의미

Page **201**

철자

발음

의미

Page **201**

철자

발음

의미

Page **202**

철자

발음

의미

Page **202**

철자

발음

의미

Page **203**

철자

발음

의미

Page **203**

철자

발음

의미

Page **204**

철자

발음

의미

Page **204**

철자

발음

의미

Page **205**

철자

발음

의미

Page **205**

Page **206**

철자
발음
의미

Page **206**

철자
발음
의미

Page **207**

철자
발음
의미

Page **207**

철자
발음
의미

철자

발음

의미

Page **208**

철자

발음

의미

Page **208**

철자

발음

의미

Page **209**

철자

발음

의미

Page **209**

Page **210**

철자

발음

의미

Page **210**

철자

발음

의미

Page **211**

철자

발음

의미

Page **211**

철자

발음

의미

철자

발음

의미

Page **212**

철자

발음

의미

Page **212**

철자

발음

의미

Page **213**

철자

발음

의미

Page **213**

철자

발음

의미

Page **214**

철자

발음

의미

Page **214**

철자

발음

의미

Page **215**

철자

발음

의미

Page **215**

철자 ____________________________________

발음 ____________________________________

의미 ____________________________________

Page **216**

철자 ____________________________________

발음 ____________________________________

의미 ____________________________________

Page **216**

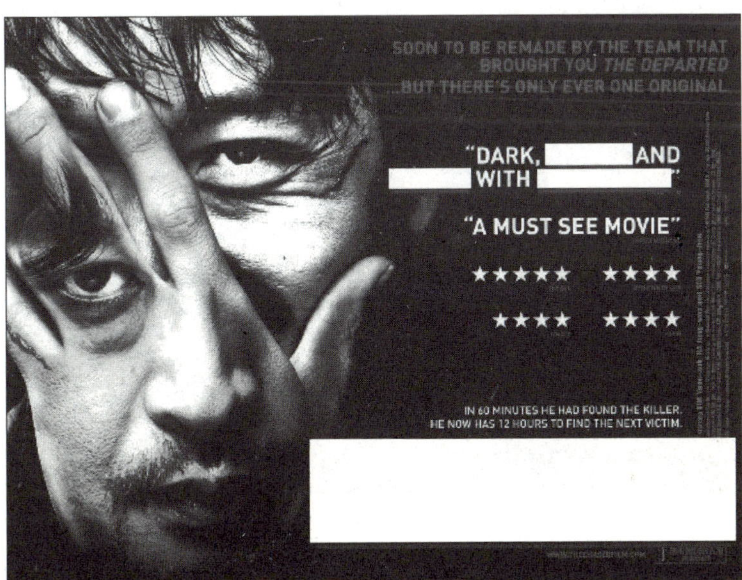

Page **264**

'S SERIES
DOLBY DIGITAL & DIGITAL SOUND
BRANDON LEE
the
-Chicago
-WBAI Radio, New York
-Los Angeles Daily News
-Playboy
DVD
VIDEO
18세 이용가

Page **254**

FROM THE DIRECTOR OF FAREWELL MY

– The New York Times

– Newsweek

"   !"
– Los Angeles Times

MOON

Behind Closed Doors...
A World Of Forbidden Desire.

DVD
VIDEO

Page **256**

막
홀

Stephen
BALDWIN
Gabriel
BYRNE
Chazz
Palminteri
Kevin
POLLAK
Pete
Postlethwaite
Kevin
SPACEY
6'6"
6'0"
5'6"
5'0"
4'6"
4'0"
3'6"
3'0"
FIVE ONE
NO

Page 258

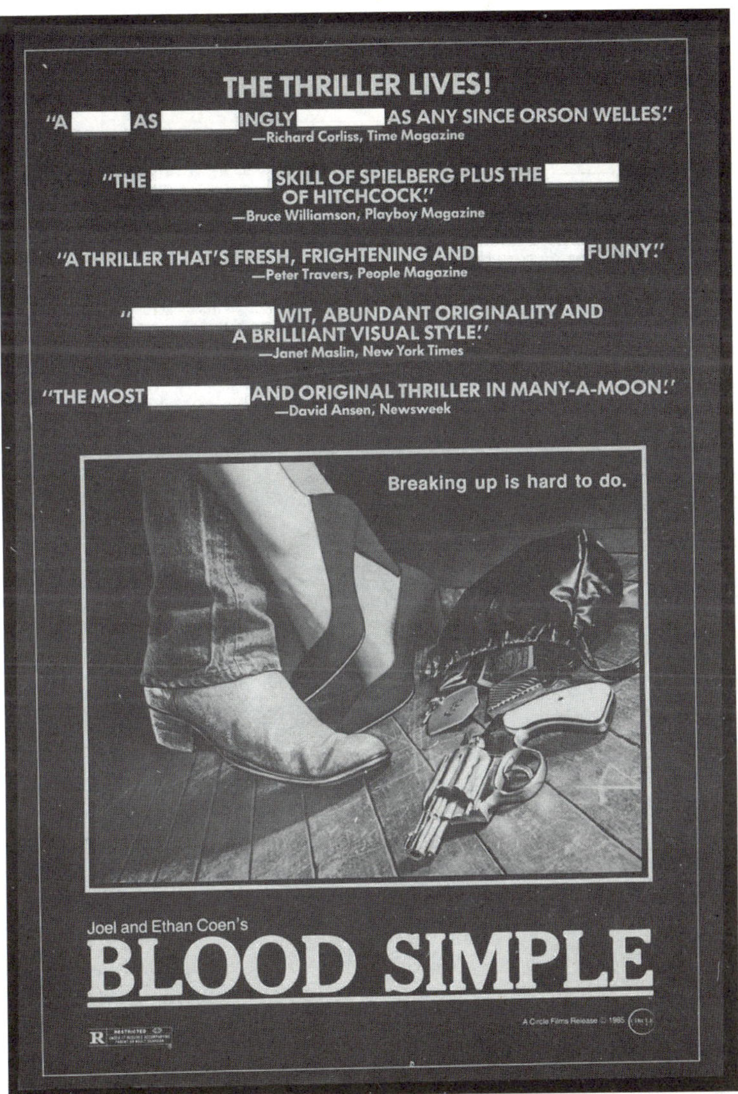

Page **260**

THE TWO   MONSTERS OF ALL TIME!
...IN THE MOST
THE SCREEN
HAS EVER
KNOWN!
JOHN BECK presents
KING KONG vs. GODZILLA
IN COLOR
A TOHO COMPANY   · A   A Universal Release
ALL NEW!

384